カプリチョーザ
愛され続ける味

プレジデント社

創業からの大人気メニュー

1 トマトとニンニクのスパゲティ

本場・南イタリアの手づくりの
おいしさを
たっぷりのボリュームで

2 元祖シチリア風ライスコロッケ、ミートソースがけ

食べごたえのある
熱々のコロッケと
たっぷりのチーズを

3 イカと
ツナのサラダ

シンプルでおいしさもストレート。
酸味の効いたドレッシングも
愛され続けてきた定番の味わい

すべての伝説は
ここから始まった――

日本のイタリアンブームに

火を付けた男

カプリチョーザ創業者・本多征昭

舞婦里蝶座
休日は
日曜です
業時間
12より
13:30
ランチタイム
17時より
22時

1962年、イタリアに魅せられ、単身、海を渡ったカプリチョーザ創業者、

本多征昭。

憧れの地、イタリアに渡った彼はイタリア国立エナルクホテル学校に

入学し、研鑽を重ね1967年最優秀卒業生として卒業。

当時、日本人のコックがほとんどいない状況の中、料理にかける情熱

と絶え間ない努力で、ヨーロッパの数々のコンテストで入賞。

その功績がイタリア政府に認められ、1970年3月、日本で初めて開催

された万国博覧会(大阪万博)のイタリア館シェフを勤め、

帰国後にはその実力を余すところなく発揮し、数々のイタリア料理店

を手掛けた。

そして1978年、34歳の春、東京・渋谷の外れに
6坪のイタリアレストランを開店。
この小さな店こそが「カプリチョーザ」の始まり。

「本場の技術」「本物の味」を、手頃な価格、ボリュームたっぷりで
提供するそのスタイルは話題を呼んで店内はいつも賑わい、
カプリチョーザはたちまち行列のできる店となり、現在に至る。

カプリチョーザとは
イタリア語で〝気まぐれ〟という言葉の意味

Capricciosa

東京・渋谷の本店には
創業して数年後の雰囲気が
今もなお残る。

イタリア料理は大勢でワイワイ言いながら食べるのが楽しい。
おいしさは笑顔のために

カプリチョーザ
愛され続ける味

まえがき

「わぁ、このトマトとニンニクのスパゲティ、パンチが効いて美味しい。取り分けサイズって大盛りだね」

「昔はこのサイズがレギュラーだったんだよ」

「えっ？　ほんと？　ライスコロッケも大きい～チーズ、トロトロ～美味しい～」

「このイカとツナのサラダの酸味の効いたドレッシングも、学生時代にお母さんたちと食べたときと同じ味だ」

今日もカプリチョーザのダイニングからは、こんな会話が聞こえてきます。

今年で創業40年。チェーン展開を始めてからは33年。いまでは全120店舗（2018年5月現在）。その輪は全国33都道府県に広がり、海外ではグアム、サイパン、台湾、中国、ベトナムで多くのファンに愛されています。40年の歴史の中で、親子2代のファンは当たり前。お孫さんの代も入れて、親子3代でファンという家族も少なくありません。

でもあまり知られていないのが、カプリチョーザの創業からの物語。カプリチョーザの歴史には知られざる伝説やエピソード、ギネス級のナンバーワン物語がいくつも隠されています。

その始まりは1978（昭和53）年。東京・渋谷の青山学院大学近くにあった6坪の小さな店。カウンターとテーブルだけの、定員17人の店からのスタートでした。

そこから現在のように100店舗を超えるチェーンに広がり、しかもブランドも不変で味もメニューも基本的に創業時のままというスタイルは、おそらく世界的にも類を見ない。ギネスブック級の偉業です。

創業時を知るお客様の間で語られているのは、「大盛り伝説」。皿自体が洗面器のように大きなどんぶりで、皿からこぼれるほどの大盛りスパゲティがカプリチョーザの定番でした。一時期は一人分のパスタが約500グラム！　最近のイタリアンレストランの常識からすると約5倍！　当初は計量器を使わずに、むんずと手づかみで麺をつかんでボイルしていました。青山学院大学の学生や、大学や高校の運動部の面々、プロスポーツ選手や芸能人たちが常連だったのも頷けます。

「行列伝説」もありました。開業4年目からは同じビルの現在の本店（40席）に移るのですが、夜の営業開始の17時には長蛇の列。開店時に全員は入れず、そこからラストオーダーの21時半までずーっと行列が途絶えませんでした。「ここまでで今日は終了です」と行列を打ち切っても、まだ並んでいる人がいたとか。

そして「芸能人伝説」も。宣伝もしないオープンでしたが、口コミでその本格的な味とボリュームの噂が広まり、「芸能人がいない日はない」と言われるほどの人気に。当時若者に大人気だったアパレルブランド「セーラーズ」の三浦静加社長は、何人もの若手芸能人を連れて来店していました。こう振り返ります。

「よく連れてきたのはとんねるずの2人。アイドルの相本久美子さん。バブルガム・ブラザーズのコーンちゃんたちでしたね」

その他にもご夫妻でやってきた俳優の柴俊夫さん真野響子さんご夫婦、妹のあずささん、岸ユキさん、スタジオが同じビルにあった声優の大山のぶ代さん、人気絶頂だったナベプロの歌手や女優さんたち。ラジオ番組の中で若手芸人さん対象に、「カプリチョーザ杯」を出していたのはダウンタウンの松本人志さん。のちにそのご縁で、カプリチョーザは松本さんのラジオ番組のスポンサーになりました。同じく吉本興業の宮迫博之さんは、かつて「メントレGレストラン」という番組で「トマトとニンニクのスパゲティ」を取り上げました。「家でつくろうとしても絶対にこの味は出ない」とコメント。その関係で、吉本興業の芸人さんたちはしばしば来店しています。最近では某二枚目若手俳優も一人でやってきて、黙々とパスタを食べていました。

数多あるチェーンレストランの中で、「スローフードナンバーワン」も、おそらくカプリチョーザです。１００店舗を超えるチェーンなのに、野菜も魚も肉も全て各店舗の厨房で洗ってきれいにして切り分けるところから調理が始まります。カルボナーラはオーダーが入ってからベーコンを炒め始める。ソースやドレッシングは全てオリジナルで、基本的に創業時の味のまま。

こんなに手をかけた手づくり料理のチェーンはない！　これまたギネス級の「驚きの事実」です。

ここまでお客様から愛される、美味しくて本格的なレストランチェーンをつくり上げた創業シェフの名は、本多征昭（まさあき）といいます。いったい本多とは何者なのか？

実は、彼は1970（昭和45）年に開かれた、「日本の西洋料理界の夜明け」と言われた大阪万国博覧会のイタリア館レストラン、カフェ部門のシェフ兼通訳として、イタリア政府から派遣された当時26歳の若者でした。

なぜ日本人がイタリアから？　当時、本多はイタリアで料理修業をしていて、日本人で初めてローマにある国立エナルク料理学校（Ente Nazionale per Addestramento dei Lavoratori del Commercio）を首席で卒業した実力者だったのです。

イタリアで学んだ本場の味を日本にダイレクトに伝えたい。その食文化を広めたい。イタリア人の陽気さと情熱、人生の楽しみ方を伝えたい。

そんな思いを込めて、お客様が喜ぶ顔を見たい一心で料理をしていた本多。

本書では多くの方の証言から、その真の姿を紹介したいと思います。

アモーレ・イタリアーナ。

本多の手書きのメニューに残るこの言葉とともに、カプリチョーザの知られざる物語をお楽しみください。

カプリチョーザ
愛され続ける味

○目次

第1章 カプリチョーザ40年、「美味しさ」の秘密

第2章 本多征昭物語、その1

第3章 1960年代イタリア修業～国立エナルク料理学校

第4章 1970年大阪万博・イタリア館コックとしての凱旋

第5章 本多征昭物語、その2〜本多を知る人々

第6章 チェーン展開という冒険

第7章 本多征昭物語、その3～早すぎる旅立ち

終章

第1章

カプリチョーザ40年、「美味しさ」の秘密

人気ナンバーワン、トマトとニンニクのスパゲティ

創業から40年間、カプリチョーザの人気ナンバーワンは「トマトとニンニクのスパゲティ」。創業時に使われた本多の手書きのメニューには、「Spaghetti aglio e peperoncino」と記されています。

今もスパゲティのオーダーの約4分の1はこのメニュー。熱々でスパイシー、ニンニクの風味とイタリア産のトマトの酸味が利いています。情熱的なトマトの赤に染まった皿がテーブルに並ぶと、家族や仲間との会話も弾むし、その香ばしい香りと味で心も身体もほんわりと温かく包まれます。

現在のトマトは、イタリア南部プーリア州フォッジャの契約農場で栽培されたもの。その一帯は日本にはない長トマトのヨーロッパ最大の収穫地。ほどよい酸味、青臭くなく完熟でジューシー、適度な水分量と果肉の厚さが特徴です。

真夏の太陽によって真っ赤に熟成したトマトは、旬を迎えた8月に一気に収穫され、完

熟の状態で缶詰にされます。畑から収穫したばかりの風味、味、鮮度をギュッと丸ごと缶へ。そのとき皮を剥いたトマトの果肉とともにトマトジュースが加えられます。カプリチョーザのトマト缶に使われるのは、完熟のトマトから絞ったジュースのみ。トマトを絞るときの破砕温度も低温にすることで、新鮮さを保ちます。

イタリア料理にとってトマトは生命線。美味しくて安くて安定した供給量があることが第一条件です。

開業時にはイタリアからの輸入トマトは、いまよりも高価で、本多は輸入業者や取引問屋の協力を得て、料理を安価で提供できるように工夫を凝らしていました。業者に必ず言っていたのは、

「うちにはへこんだ缶でいいから持って来て」

なぜ？　傷物ならば値引きしてもらえるからです。輸入の途中で缶が傷んだ商品は、業者も安く卸してくれます。でも中身は変わらない。本多はそうやって、少しでも安く、その代わり少しでも品質のよいものを使うようにとこだわっていたのです。それが料理人本多の「本能」でした。

カプリチョーザの乾麺はイタリア産。カプリチョーザの料理に一番向いている麺を厳選しています。

何が他の麺と違うのか？　乾麺は粉の品質も味の大きな要素ですが、それ以上に製造工程で違いが出ます。麺を乾燥させるときに、低温で長時間乾燥させるのか、熱風をかけて短時間で乾燥させるのか。低温だと3日間かかりますが、風味が逃げずに炊きたてご飯のような美味しいスパゲティになります。その代わりアルデンテのタイミングが難しい、すぐに伸びてしまう。

高温短時間乾燥だと6時間程度で完成しますが、90度くらいの熱風をかけてしまいますから一度茹でられたようなもの。このとき、麺の中に空気の粒々が入っていると、それが膨張して麺が割れたりします。膨張を避けるために真空で麺を打つケースもありますが、そうなると麺の中に適度に空気が入らず風味に欠けて美味しくない。

カプリチョーザが使う麺は、そのバランスがちょうどいい。アルデンテでも美味しいし、取り分けてテーブルの上で時間がたっても美味しさが変わらない。「8分後にも美味しい麺」がカプリチョーザのポイントです。

ところでイタリアには「パスタ法」という法律があるのをご存じですか？

イタリアでは、デュラム・セモリナ粉１００％でつくられた麺でないとパスタとは呼びません。その太さによって呼び名も違いますが（地方によっても名前は異なります）、その中でも「スパゲティ」と呼ばれる麺は、必ず圧力をかけて押し出すマシンで生産されたものでないと、その名は使えないことになっています。

日本でもＪＡＳ規格はこれにならっていますから、手延べ麺を蕎麦のように切った麺は「スパゲティ」ではありません。九州では蕎麦もうどんもラーメンもスパゲティも全て丸麺が主流ですが（地域性ですね）、あれは押し出しマシンを使っていないので表記は「スパゲティ風」、あるいは「スパゲティタイプ」。人気カップ麺も押し出し型の麺ではないので、「スパゲティ王」とは呼べないのです。

イタリア人はそこまでパスタの細部にこだわる。いわんやカプリチョーザをや。

酸味の効いたドレッシングとオリジナル・ソース

創業時から続くもう一つの人気メニュー、イカとツナのサラダ（「Calamari con tonno」）。このサラダが美味しいのは、酸味たっぷりのオリジナル・ドレッシングにあるといっても過言ではありません。ほんのりピンク色がかっているのは、トマトが使われているから。本多がつくり出したパンチのある味で、大盛りのサラダもモリモリ食べられます。

当初は店が休みの日曜日、本多は大きな寸胴鍋を用意して、自ら開発したレシピで酢、オイル、調味料などを調合して、20リットルの容器に詰めて店内にズラリと並べていました。翌朝それを各フランチャイズ店に配達したのです。

約15年前から、レシピは変えないままで思い切ってOEM（カプリチョーザ・ブランドとして、他社での生産）にすることに。まずは大手の食品メーカーに当ったのですが、レシピを提示すると、いずれも担当者が頭を抱えてしまいました。

「このレシピではうちでの製造は難しいですねぇ――」

なぜか？　食品メーカーは、独自に自前のルールを持っているからです。

たとえばA社では、ドレッシングは2回振っただけで充分に混ざり合わないといけないという決まりがありました。

なぜでしょう？

「お客様のデータをとると、2回振っただけでサラダにかける人がほとんどなのです」

ところが2回振っただけでドレッシングが充分に混ざり合うためには、乳化剤を入れなければなりません。

カプリチョーザのレシピに乳化剤は入っていません。一滴でも入れると味が変わってしまうのです。残念ですがこの会社にはお願いできませんでした（だからカプリチョーザのドレッシングは、よーく振ってからかけてくださいね）。

同じように塩分濃度や他の調味料の使い方で、大手メーカーとはなかなか規格が合いませんでした。唯一「いいですよ、やりましょう」と言ってくれたのは、地方にある某醤油メーカーの担当者。大手外食産業の担当者から紹介されて、藁をもつかむ思いで交渉にあたったのです。

もともと醤油メーカーとはいえ、この会社は知る人ぞ知る「オリジナルブレンドのスペシャリスト」。誰もが知っている「焼き肉のたれ」など、ナショナルブランドの商品をたくさん製造しています。

カプリチョーザのドレッシングで、本多のつくり出した味と風味を今日にそのまま伝えることができているのは、この「匠の技」があるからこそ。チェーン展開しながら創業時の味を伝えていくのは、並大抵の努力ではありません。

スパゲティ用のソースも、創業時のままのレシピを守っています。

現在のメニューには、多い店舗では18種類のスパゲティが並んでいますが、ソースの基本は4種類。トマトソースとミートソース、オリーブオイル、クリームソースの基本をつくって、あとは使う具材や調理方法に応じてアレンジしていきます。

創業時にはもちろん本多がソースをつくりました。

でもそのころ、レシピは存在せず、すべて本多の頭の中で食材と調理法が構成されていたのです。後年フランチャイズの話が持ち上がったときに、フランチャイズ会社（株式会社WDI）の担当者を困らせたのは、食材の分量と調理時間でした。

「このくらい」、「少々」、「適量で」、「だいたいこのくらい」、という本多の言葉をグラム単位、分単位、秒単位に読み替えて、粘り強くレシピをつくりあげていったのです。

いまでもソースは、40年前の味を守り続けています。

驚きの裏メニューや、本場ローマの味「ライスコロッケ」

「おい、ブルーベリーソースあったか？　温めてくれないか」

１９８０年代半ばのある日、厨房で本多は、当時スタッフとして入ったばかりの野網大二さんにそう声をかけました。

ブルーベリーソースを温める？

そんなメニューはなかったので半信半疑で野網さんが準備すると、本多が取り出したのはバニラアイスクリーム。大きく3つをスプーンで掬って皿に盛ると、その上からリキュールを混ぜた温かいソースをかけ始めたのです。

「gelato di cosem」

のちにこのデザートはこの名前でメニューに載ることになります。いまは「カプリチョーザアイス（熱々ブルーベリーソースがけアイス）」という名称ですが、その誕生は「即興」でした。本多の一瞬の閃きから生れた一品だったのです。

「はい、今、つくってみました。どうぞ」

この日本多自らがサービスしたのは、本店の一番奥の席に座っていた常連の3人の親子連れ。当時フジテレビ系列で放送されていた大人気ドラマ、「北の国から」で地元の男性・中畑和夫を演じていた地井武男さん一家でした。

「うわーおいしい〜」

お嬢さんの最初の一声がきっかけになって、このメニューは「カプリチョーザアイス」として定番化されたのです。

のちに地井さんは「ちい散歩」というテレビのシリーズ番組でも人気を博します。その番組の打ち上げや、退院してからの快気祝いに貸し切りで使っていただいたのもカプリチョーザの駒沢店でした。2012（平成24）年6月に惜しまれて亡くなるまで、地井さんはしばしばカプリチョーザにやってきて、熱々のブルーベリーソースがかかったバニラアイスを美味しそうに食べていました。

お客様の「美味しい」が聞きたい。驚く声を店内に響かせたい。

それは本多の終生変わらぬ思いでした。

たとえば開店当時の手書きのメニューの裏側には、その日だけの「裏メニュー」が書かれることがありました。

「お好み焼きスパゲティ」

カルボナーラ用のスパゲティは他のメニューよりも少し長めに茹でるのですが、時にオーバーボイルしてしまうことがあります。そのとき麺を捨てないでとっておいて、このオーダーが入るとフライパンで熱して、お好み焼き風にアレンジするのです。

常連客たちは、「おっ、今日裏メニューあるの？」と大喜び。

歓声を上げながら、我先にとオーダーして、香ばしいおこげのスパゲティを楽しんでいたといいます。

その他にも、オープン時から続く人気メニューは「Suppli di Riso alla Siciliana」＝シチリア風ライスコロッケ。いまは「シチリア風ライスコロッケ、ミートソースがけ」という名前になっています。ボリュームたっぷりの大きなライスコロッケにたっぷりのミートソースがかかり、フォークやナイフで切り分けると、中からトロトロのチーズが流れ出してきます。

本来この料理は本多が修業したローマの料理で、コロッケの中身にはタリアテッレというパスタを刻んで入れるレシピでした。本多はその料理を、いまもプロユースの料理誌として名高い「月刊専門料理」誌１９８３（昭和58）年3月号のカラーページで紹介しています。

イタリアではリゾットを丸めてつくるアランチーニという料理があります。カプリチョーザでは、日本人に馴染むようにタリアテッレの代わりに国産のお米にして、ミートソースをかけたのです。

そのサイズは「掌いっぱいに！」。本多はお米の量を目分量で手づかみして、いつもお客様が驚くようなボリュームにしていました。

「美味しさと驚きと」――。それこそが、本多のお客様への「おもてなし」の真髄だったのです。

客席で大人気、驚きのピッツァ

創業時の人気メニューには、「ピッツァ」もありました。

本多の手書きのメニューには、「PIZZE」の後にカタカナで「ピッツァ」と書かれていました。今ではわざわざ振り仮名を書くシェフはいませんから、当時はまだその呼び名も一般的になっていなかったということなのでしょう。

本多は「イタリアではピッツァはやったことがなかった」と言っていたようですが、店ではローマ風のピッツァをつくっていました（現在のカプリチョーザのピッツァはナポリ風です）。

そのつくり方がお客様からは大人気でした。

まず大きなボウルに強力粉を8キロほど用意します。

これをよく捏ねて生地にするのですが、ボール状になった生地が入ったボウルをカウンターの上に放置して、発酵させます。すると生地が膨らんでくるので、これを麺棒などで叩いて空気を抜いて、ぺちゃんこにするのです。

これを見たお客様は大喜び。目の前で生地を打つピッツァ店などない時代ですから、カウンターでのショーのようなものだったのかもしれません。

本多もまたそのことを充分に意識して、「人に見られる生地づくり」を楽しんでやっていたようです。

ピッツァのオーダーが入ると、ボウルから一定の分量の生地を千切って丸めて麺棒で延ばすのですが、これまた目分量。日によって、気分によって、お客様によってピッツァの大きさが違いました。

1人前の分量は300グラムから400グラムほどはあったでしょうか。1人前をオーダーしても2人で食べるのがやっと。他の料理もオーダーしてしまったら、とても食べきれない。

ピッツァにも「大盛り伝説」は生きていたのです。

創業時のメニューには、

・ベーコン、サラミ、シャンピニオンピッツァ、1200円

・アサリとツナのピッツァ、１２００円
・アンチョビ、オリーブのピッツァ、１２００円
・オムレツ風ピッツァ、１２００円
とあります。

現在はランチでも食べることができますが、創業時のピッツァは夜のみのメニュー。まだまだ日本人には新しいメニューで、馴染むのには時間がかかりましたが、ショーとしても楽しめるメニューとして人気がありました。

食材の使い方、調理の魔法

創業時からある人気メニュー「イカとツナのサラダ」。

この素材の組み合わせは、特にイタリア料理の定番ではなく、現地で人気があるというわけでもないようです。

それよりも、本多がイカとツナを選んだのは、いろいろな料理に使い廻せるから。サラダに使える、前菜（アンティパスト）の「イカのリング揚げ」にも使える、もちろんスパゲティの「ツナソースあえ」としても使える。ブイヤベースにも使える、等々。

行列のできる店を一人で切り盛りするのですから、このように食材もいろいろな料理に展開できるものを選びました。お客様の途切れない店であるがゆえの理由があったのです。

同時に、「味を守りながらコストを切り詰める」ことにも天才的なものがありました。

トマトのホール缶をオーダーするときは「へこんだ傷品でいいよ」と言って、安く仕入れていたことは紹介しましたが、たとえば料理に生クリームを使うときは、創業時にはコストを考えて別の食材を使ったりしました。食べてみると、生クリームと変わらない味なのです。おそらく目隠しで食べたら、どちらが生クリームかわからないでしょう。

エスカルゴのバターにも代用品が。イタリア産のチーズの代わりにドイツ産のチーズを使うこともしばしばでした。

同じ味覚なら安い食材を使って、その分、他の食材を高級なものにしよう。あるいは料理の単価を安くしよう。そういう合理的な考えをする料理人であり、常識を越えて「最適な食材」を探してくる天才でもあったのです。

調理の仕方にも、天才的な閃きがありました。

たとえばスパゲティの人気メニュー、「トマトとニンニクのスパゲティ」をつくるときのこと。

本多の手元を見ていると、フライパンにオイルをどぼどぼ入れて、ニンニクが隠れるほどの状態でソテーします。

「なんでそんなに？」とスタッフが質問すると、

「こうすれば時間がたっても冷めにくいから」。

つまり油は熱を貯めて冷めにくいので、料理自体も時間がたっても熱々で食べられる。本多はどの料理も大盛りにしていましたから、一度では食べきれずに、何回か盛り分ける必要が出てきます。

そういうときでも冷めにくい料理を提供すれば、最後まで喜んで食べていただける。そういう気持ちが、本多の「油の多いニンニクのソテー」に繋がっていたのでしょう。

ちなみに１９８５（昭和60）年に多店舗展開が始まってからも、新しい料理を開発したり、以前からの料理をマイナーチェンジするときには、試食会において「完成してから8分たっても冷めにくい料理」であることが試されます。

それもまた創業者の本多の遺志を継いだもの。

現在も食材にイカやツナは使われていますし、スパゲティのメニューもほぼ創業時のまま。つまり本多がつくったのは、それほど完成されたメニューであり、40年たっても変わらぬ人気を保つ「至高のメニュー」だったのです。

創業のころ（1970年代）のイタリア料理

カプリチョーザの1号店が渋谷に誕生した1970年代末期は、日本のイタリア料理界の「夜明け」でした。

そもそも明治時代から続いた「西洋料理」という流れが、「フランス料理」「イタリア料理」「スペイン料理」「ロシア料理」とそれぞれ国別に特徴があり、歴史もあるのだということが一般の人に認識されたのは、1970（昭和45）年の大阪万国博覧会でのこと。

半年間の会期中に約6400万人が詰めかけたこの「人類の進歩と調和」の祭典では、フランス館、イタリア館、ソ連館、ドイツ館等のレストランでそれぞれの国の料理が提供され、詰めかけた人々を驚きと感動に包み込んだのです。

――イタリアのスパゲティはこんなに固ゆで（アルデンテ）なんだ。ハンバーグはドイツ料理なんだ。フランス料理はソースで食べるものなんだ、等々。

どの料理も、人々にとっては新しい出合いでした。

それ以前の町場のレストランは、ひっくるめて「西洋料理、洋食」を名乗っていました。同じ店でカレー、ハンバーグ、スパゲティ、ピッツァ、ボルシチ等が提供されても、何の不思議もなかったのです。もちろんそれ以前にも、パスタを何種類も置き、スパゲティをアルデンテで提供し、肉や魚料理をメインとする本格的なコースメニューを用意したイタリア料理の店は、極少数ですが存在していました。

1944年に「アントニオ」（神戸市）、1955年に「ドンナロイヤ」（神戸市）、1960年には「キャンティ」（東京・六本木）が誕生します。アントニオとドンナロイヤはイタリア人シェフの店。キャンティはイタリアで薫陶を受けたお洒落な日本人オーナー夫妻が手がける店で、国内や世界の有名人が集う社交場でもありました。1953年には、現在もチェーン展開している和風スパゲティの「壁の穴」が東京・渋谷にオープンします。

1970年代に入ると、本多のように本場イタリアで修業した日本人シェフが帰国してきます。本多と同じローマにある国立エナルク料理学校を卒業した吉川敏明シェフが1977年に開いた「カピトリーノ」（東京・西麻布）。高校卒業後にミラノの日本総領事館で料理人修業した片岡護シェフが、1977年からシェフとして働いた「マリーエ」（東京・

広尾)。イタリア語の通訳、翻訳、出版等を行いながらイタリア料理に目覚め、レストランを開いてしまった西村暢夫さんの「文流」(1979年、東京・池袋)。

さらにイタリア修業帰国組としては、佐竹弘シェフの「ギーノ」が1981年六本木に、鮎田淳治シェフの「ラ・コメータ」が1982年麻布十番にオープン。それぞれイタリア仕込みの腕を振るいます。

ちなみにこの時代に東京・六本木にあった人気のピッツァ店「ニコラス」(1954年)や「シシリア」(1954年)は、イタリアンの食材や料理を提供しましたが、アメリカを経由したイタリア料理スタイルだったために、他の店とは若干味覚が異なったようです。ケチャップ味の「ナポリタンスパゲティ」に象徴される味覚は、アメリカ経由のイタリア料理です。

この時代を知る料理人たちはみな口を揃えます。

「イタリアの本格的な食材や野菜が日本にはなかった。ハーブは自分で育てる、オリーブオイルやチーズは高価で品質がよくない、バジルは手に入らないのでシソを使う、ズッキーニがなくて出始めたころは一本1200円もした等々」

本格的であろうとすればするほど、食材の調達には苦心したのです。また料理関係の本も、イタリア語で書かれたものは少なかった。洋書を取り寄せても、英語で書かれたアメリカ経由のイタリア料理の本が主流だったのです。

お客様もまた、イタリア料理に馴染むのには時間がかかりました。

「このスパゲティ、固いよ。茹で上がっていないいんじゃない？」

アルデンテが普及するのは少し先のことでしたから、こんなクレームは日常茶飯事。雇われシェフの場合には、オーナーとのいざこざもあったようです。

「なんでバジルパスタを用意しないんだ」。「本物のバジルが手に入らないからです」。「シソでやっている店があるじゃないか」。「そんなのつくれません」。

そう言って喧嘩別れになったケースもあったと聞きます。

イタリア料理夜明けの時代には、いまから思えば微笑ましいようなエピソードが満載です。本多は、そんな時代に「本格的だけれど日本人の味覚に合ったイタリア料理を」とテーマを掲げて、１９７８（昭和53）年に船出したのです。34歳のことでした。

カプリチョーザ大盛り伝説

「うわー凄い。こんなに盛っていいの?」。「ドンブリみたいな皿から麺が溢れてるじゃん」。「こりゃドンブリじゃないよ、洗面器だよ」。

開店当初のカプリチョーザの名物、人呼んで「洗面器パスタ!」。

毎日行列が絶えない中で、厨房はシェフの本多一人きり。スパゲティを茹でるのもソースを作るのも、料理を盛りつけるのも、すべて一人で取り仕切っていました。だから小さな皿で料理をちまちま出していたら、どんなに時間があっても足りません。お客様もしびれをきらしてしまいます。そこで本多は、スパゲティもサラダも肉や魚の料理もどーんと大盛りでサービスしていたのです。もちろんコスト的には負担が大きくなりますが、「損して得とれ」。それが本多のビジネススタイルでした。

初期のころのお客さんは、こんな思い出話をしてくれます。

「いろいろ注文すると、キッチンの中から本多さんが『そんなに食べられる?』と、にやりとしながら忠告してくれるんです。でもわからないから少し減らして注文すると、『それでも多すぎるんじゃない』と笑っていました」

そんなカプリチョーザに、毎週１回は必ず若手芸能人を連れてくる熱烈なファンがいました。「セーラーズ」という、こちらも行列しなければ買えなかったアパレルメーカーの社長、三浦静加さんです。こう証言します。

「とにかく若い子たちを連れて行ったので、お腹をすかせているんです。そういうときはカプリチョーザがぴったり。料理が出た瞬間の〝うわ〜〟と驚く顔が見たいんです。５人で行って３人前くらいしか頼まないと、とんねるずの憲武なんか〝おれたちもっと食べたいよ〟なんて文句を言うのですが、皿が出てくるともう喜んじゃって〝すげー〟なんて叫びまくって。だから若手を大勢連れて行くときは、カプリチョーザがうってつけでした」

本多にしても、お客様に喜んでもらうのが何よりも嬉しいこと。オープンのときから次第にボリュームが増え、ついには「洗面器パスタ」と呼ばれるまでになったのでした。

厨房には秤はありませんから、オーダーが入ると、本多は麺をガバッと鷲づかみにしてドバッとボイルする。スパゲティを納品する業者もそれを見て、あるときからは５００グラムごとに入っていた袋をやめて、大きな黒いビニール袋にまとめて麺を入れて持って来るようになりました。調理時間を少しでも短縮する工夫をして、料理を食べ終わるまでの時間を長く稼いで、お客様をなるべく待たせないようにする。

カプリチョーザの大盛り伝説は、そんな「苦肉の策」でもあったのです。

とはいえ、そもそも料理を大盛りで振る舞うのは、イタリア料理の真髄でもあります。リストランテクラスの高級レストランでは、料理は必ず大皿に盛られて出てきて、ウェイターがそれぞれのお客様の目の前で皿に料理を取り分ける。大皿には食べきれないほどの料理が盛られていますから、最後にはそれを残すのがマナーなのです。

皿に残ったソースをバケットで拭って食べるなんてマナー違反。ウェイターが皿を下げにきたときに、皿に料理やソースが残っていないと、シェフは「量が足りなかったのか？」とお客様にお詫びすることになるとか。中華料理でも同じようなマナーがありますが、イタリア料理も「大盛り」であることはおもてなしの真髄なのです。

だから、本多がつくる料理の「大盛り伝説」も、実は本場イタリアで食文化を学んだ本多の「おもてなし」から生れたものでもありました。

行列伝説

「いい、今でさえこんなにお客さんが並んでいるんだから、あなたたち、いくら気に入ったからって、この店のことを人に言っちゃ駄目よ！　この店に来るときは、絶対に私と来るのよ！　他の人を連れてきちゃ駄目よ！」

「セーラーズ」の三浦静加社長は、カプリチョーザに連れてきた若手芸能人たちにいつもそう言って、これ以上口コミでカプリチョーザの評判が流れないようにクギを刺していたとか。それでもその本場の味覚、食感、ボリュームに驚いた若者たちは、すぐに友人や仲間たちにその感動を伝えてしまう——。

そうした口コミが重なりに重なって、カプリチョーザには連日、長い行列が絶えませんでした。

1号店と、創業から4年後に引っ越した現在の本店は、六本木通りの「渋谷二丁目」交差点を並木橋に向かって東側に少し入った左側。ＪＲＡの馬券売り場がある通りのマンシヨンの1階にあります。当時はあまり若者たちが集まる地域ではなく、通りからも奥に引っ込んで目立たない場所にあったため、グルメ、グルマンのファンたちは、店を探し出してやって来ました。

店頭には、いつも夕方17時の開店前からお客様が並び始めます。

開店しても全員は入りきれずに、残った行列に次から次へと人が連なって、時には建物の2階まで行列が延びてしまうことも。結局21時半のラストオーダーまで、行列は絶えずに続きます。そんな状態を見るに見かねた常連のお客様が、店の前に長椅子を3脚用意してくれたほどでした（ちなみに今も本店前にその椅子は出ています）。

もっともこの時代、日本は経済的にも上り坂にありましたから、勢いのある店の前に行列ができることは一つの社会現象でもありました。当時は行列する店がテレビ、新聞、雑誌等でよく取り上げられました。社会現象として、あちこちで行列ができていたのです。

東京・渋谷の公園通りの渋谷公会堂（いまは「C．C．レモンホール」と名前が変わりました）近くにあった「セーラーズ」も、行列しなければ買えない店として有名でした。

ファンの間では、カプリチョーザのスパゲティを食べてセーラーズのトレーナーやジャンパーを着るのが「黄金コンビ」と言われていたようです。

とんねるずのような若手芸能人たちも、のちの吉本興業の若手芸人たちも、カプリチョーザに通いながら超人気者になっていったのですから、「行列伝説」はそのまま「あげまん伝説」と言ってもいいのかもしれません。

料理業界ナンバーワン雑誌「月刊専門料理」に載った料理

料理界でプロユースのナンバーワン雑誌といえば、昔もいまも柴田書店の「月刊専門料理」。フレンチ、中華、和食、イタリアン、その他の西洋料理の、多くのシェフが、この雑誌を読んで業界の最新動向を見極めます。編集部は最先端のシェフの料理を厳選して取材していますから、掲載されるのは料理人にとっても大いなる名誉です。

本多がその「月刊専門料理」に初めて登場したのは1972（昭和47）年10月号。大阪万博で帰国して2年後、まだカプリチョーザをオープンする前のこと。雇われシェフとして銀座の「ベルベデーレ」で働いていたとき、望月実シェフとの共作が紹介されました。

このときの料理は「ラザーニャ・ヴェルディ、家庭風」。

赤土を使った出雲の陶器に、生地にほうれん草を練り込んで色づけしたラザニア。バターを溶かした中に小麦粉を入れ、焦げつかないように炒めて牛乳で延ばしたベシャメルソースと、日本ではミートソースと呼ばれるボロネーゼソースを合わせて、トリコローレ（3

色）に仕上げています。

カプリチョーザをオープンしてからは、1983年3月号「プリモ・ピアット」のカラーページで紹介されました。このとき本多は6品つくりました。家庭でも挑戦できるように、レシピを紹介しましょう。

・Zucca di Gnocchi Salsa Bolognese= カボチャのニョッキ、ミートソース和え

カボチャは種を取り除き、皮をつけたまま小さく乱切りにして塩茹でに。水分を充分にきって、熱いうちに裏ごしする。カボチャの粗熱をとってから、小麦粉、卵、パルメジャンチーズ、少量の塩と混ぜる。小麦粉を入れすぎると固くなるので注意。

ころがしながら棒状に延ばし、1センチの長さに切り、熱湯に入れて火を通す。浮いてくれば茹で上がり。ミートソース、パルメジャンチーズと合わせて味を調える。

サルサ・ボロニエーゼ（ミートソース）はタマネギ、ニンジン、セロリ、ローリエ、ニンニクをよくソテーし、別に炒めておいた挽き肉と合わせ、さらにソテーする。トマトピューレ、トマト、ブロードを入れて煮込む。

・Peperoni con Riso＝ピーマンの詰め物

手鍋にバターを入れて溶かし、クローブを差し込んだタマネギを入れてソテー。米を入れ、さらにソテー（米は洗わないで使用する）。

米にバターがよく染み込んだら、少量の白ワイン、米の倍量のブロードを加え、軽く塩を振る。蓋をしてオーブンで約20分蒸す。仕上がりはリゾットの固さくらい。

クローブを差し込んだタマネギを取り出す。サルサ・ボロニエーゼ、パルメザンチーズ、グリーンピースを加え、塩コショウで味を調える。

これをピーマンに詰めてサルサ・ポモドーロ（トマトソース）とともに鍋に入れ、煮込む。

・Crostatione di Tagliatelle＝ローマ風、タリアテッレのコロッケ

タリアテッレの材料（小麦粉〈デュラム・セモリナ〉500グラム、卵5個、オリーブオイル適量）を小さくまとめる。約30分寝かせたのち、パスタマシンにかけて薄く延ばす。1センチ幅に切り、アルデンテに茹でる。サルサ・ベシャメラとともに手鍋に入れ、弱火にかけてよく混ぜ合わせる。

ロースハムのジュリエンヌ、茹でたほうれん草を1センチの長さに切ったもの、パルメザンチーズを加え、ナツメグ、塩コショウで味を調える。

バットに入れ、冷ます。野球のボール大に丸め、溶き卵をつけ、パン粉をまぶし、油で揚げる。

・Crema di Pomodoro＝トマトスープ

トマトの味を生かすため、トマトと他の野菜の割合は10対1にする。タマネギ、セロリ、ニンジンを乱切りにして、ブロード（肉と香味野菜からとる出汁）とともに鍋に入れ、ニンジンが柔らかく溶けるくらいまで煮込む。シノワでこし、再びとろみが出るまで煮込む。塩コショウで味を調える（トマトの酸味が強い場合は牛乳かクリームを加えるとよい）。

・Melanzane Gratinati ＝なすのグラタン

グラタン用の鍋になす（薄切りにして小麦粉をつけて揚げておく）を敷き、サルサ・ポモドーロ、サルサ・ベシャメラ、パルメザンチーズの順にかける。再びなすを敷き、同様にして重ねる。オーブンに入れ、表面に軽く焦げ目がつくまで焼く。

・Rigatoni con Polpette＝ミートボール和えマカロニ

ポルペッティ（牛挽き肉、粉チーズ、卵、パン粉、ナツメグ、塩コショウ）の材料を混ぜ合わせ、ボール状にまとめ、たっぷりの油でソテーする。火が通り、表面に焦げ目がついたら7ミリの厚さに切ったサラミソーセージを混ぜ、さらにソテー。油を切り、サルサ・ベシャメラを加えソースをつくる。この中に茹でたリガトーニ（マカロニ）を入れ、よく混ぜる。パセリのみじん切り、パルメザンチーズを振り、手早く混ぜ合わせ、味を調える。

さあ、本場の味にチャレンジしてみてください。

第2章

本多征昭物語、その1

厨房のマジシャン

「あの壁の向こうの厨房には何人のコックさんが働いているんだろうか？」

カプリチョーザで初めて食事をした人は、驚きのあまりそう呟くことがありました。

創業時の6坪17席の店から、現在の本店、20坪44席の店になってからも、カプリチョーザの厨房を仕切っていたのは本多一人だけ。パスタを茹でてソースをつくって、サラダを用意してライスコロッケを揚げて、肉や魚を料理するのも全て本多が一人で行っていたのです。

開店から閉店まで、狭い厨房の中央に本多は仁王立ち。両手を伸ばすと食材も調味料も乾麺もソースポットもフライパンや菜箸、包丁といった調理器具も全て手が届くところに配置して、本多は目にもとまらぬ早業で料理をつくり続けました。

まさに本多の「王国」。何人も冒すことのできない、一人のシェフのための「料理の聖地」。

約40人ものお客様を昼夜で連日5～6回転させて、全てのお客様を満足させる技を目撃した人は、彼のことをこう呼びました。

「厨房のマジシャン」――。

本多一人の働きで月商は800万円を超えるときもあったというのですから、経営者としてもマジシャン。あとの章で述べるように、イタリアンシェフを目指す後輩たちからは、「神様」のように慕われていたようです。

「今日はパン、何本いるかな？」

毎日昼過ぎに、通勤途中の本多から店に電話がかかってきます。週末に仕込みを終えている食材を使ったランチの営業はスタッフに任せて、本多が買い出したパンを抱えて店にやってくるのはだいたい14時ごろ。

そこから夜のセッションが始まる17時に向けて、スタッフは遅い昼食として支給される店屋物の「賄い」を5分でかき込んで、黙々と夜のセッションのための仕込みを行うのです。自分たちで賄い飯をつくることもままならないような忙しさ。昼の営業から夜の閉店まで、スタッフたちは昼食時に約5分座れるだけで、あとはずっと立ちっぱなしで働きづめでした。

1986（昭和61）年ごろに新卒で入店した当時18歳の野網大二さんは、料理も初めて、厨房の右も左もわからない状態で、約1カ月後には5キロ痩せていた！　その姿を見た友人たちからは、「このままじゃ病気になる」と言われたほどでした。

さらに本多には、唯一の休業日の日曜日にも「仕込み」の作業があります。パスタソース、ドレッシング、スモークハム、ランチ用のハンバーグ等々、全てを仕込み終えると深夜になっていて、翌日から再び「休憩5分」の日々が始まるのです。

週の営業が終わる土曜日の深夜。本多はスタッフを連れて西麻布の中華食堂か焼き肉店、大衆食堂などに向かい、その後乃木坂や山手通り沿いのプールバーで飲みながら遊ぶのが常でした。それだけが唯一の息抜きだったのです。

本当に料理が青春。人生の全てを料理に捧げた男。

その生きざまもまた、「マジシャン」だったのかもしれません。

夢を持つ男～北海道で育ったイタリアへの夢

「兄には夢がありました。札幌の田舎に暮らしていても、いつか本物のイタリア料理のシェフになりたい。料理で人を喜ばせたい。高校時代から、イタリアに行って本物のイタリア料理を学びたいと思っていたようです」

本多の故郷、札幌にいまも住む、妹のあや子はそう言います。

弟の昇二はこう証言します。

「我が家はもともと農家でしたから、昔の北海道では長男が継ぐのが決まり事でした。でも兄貴は、18歳のころに『将来イタリアに行って料理人になりたい』と両親に宣言したのです。すでに両親は兄貴のために新しいトラクターも買っていましたが、一瞬悩んだ末にすぐに『わかった、いいよ』と納得していました」

本多征昭は1944（昭和19）年1月30日、札幌郊外の当別町で生を受けました。父は大工でもあった与二郎（大正8年生れ）、母はのちに商店を経営するフテ（大正11年生れ）。

当時の北海道の開拓農家は、早朝から深夜まで働きづめです。ことに働き者の母・フテは、月明かりの下で夜の11時まで畑に出ていたといいます。本多も幼いころから両親とともに畑に出て、さまざまな仕事を手伝っていました。そのままいけば、手先が器用で味覚の鋭い農家として、美味しい野菜をつくっていたのかもしれません。

そんな本多一家は、長男である征昭の「渡イタリア宣言」を期に、農場を離れて札幌市内に引っ越します。高校を卒業した征昭は、市内にあるYMCAのイタリア語コースに通い始め、大型自動車の免許も取得。

早朝は近くの病院の朝食の調理人、その後ミキサー車の運転手として働きながらアルバイトでお金を貯め、夜は調理師学校やYMCAに通い勉強しながら、留学のための準備を始めたのです。

もともと手先が器用だったので、時計修理の学校にも通っていたようです。いったいどんなタイムスケジュールだったのか?

札幌駅前に机を置いて、ボランティアで時計の修理をしたこともあったとか。その様子が地元の新聞に載ったといいますから、その腕も確かだったのでしょう。残念ながらその紙面は残っていませんが、器用さと美的センスを示す油絵は実家に残っていました。

その他兄弟の間では、般若のお面を木彫りでつくるのがうまかった、トランペットも吹いていた等々、さまざまな本多の「多才伝説」が残っています。

料理でも絵画でも機械いじりでも、このころからプロ顔負け。手先の感覚とセンスのいい若者だったのです。

それにしてもなぜイタリアに憧れたのか？

残念ながら、その理由を語った本多の言葉を聞いた人は誰もいません。手紙も資料も残っていない。

あるいはこの時代、「自転車泥棒」とか「無防備都市」、「揺れる大地」といったイタリア映画が次々と公開され、花盛りだったことがその理由かもしれません。

第二次世界大戦においてイタリアは、日本とともに枢軸国で敗戦の痛手を負いましたが、その中でもレジスタンス活動（国民による権力に対する抵抗運動）が活発だったといいます。

その文化があるからこそ、戦後のイタリア映画は輝いていた。

マルチェロ・マストロヤンニやアンナ・マニャーナといった当時の人気俳優に憧れて、本多もイタリアへの夢を抱いたのでしょうか?

本多が札幌で暮らしたのは1960年代前半のこと。日本が豊かになり欧米の文化や情報が盛んに輸入される中で、本多は料理人への夢を持ち、そのための歩みを続けていた。

いざイタリアへ――!

本多はイタリアに渡ったら、二度と日本には戻ってこない覚悟で、自分の所有物を全て焼いたといいます。

北の大地で覚悟を決めて、その夢は大きく膨らんでいったのです。

「損して得とれ」、母フテの教え

本多のカプリチョーザでの成功を考えるとき、本人の才能や努力は当然のこととして、母・フテの存在を忘れるわけにはいきません。すでに述べたようにフテは大正11年生れ。北海道の開拓農家の子として育ち、働き者で子どもたちへの躾けの厳しい人でした。

本多の少年時代、札幌に出てくるまでの本多家は、当別町に畑と水田、山林を持ち、季節に応じて作物をつくっていました。田畑では米、唐黍（トウモロコシ）、ジャガイモ、キャベツ等々。冬になると山に行って、木を拾ってきて燃料にします。

家の周囲では馬、羊、鶏、豚などを飼っていました。農耕用に使ったり、貴重な食糧として、お祝い事のある日などに「潰して」食べたりするのです。

母のフテは、羊の毛を刈り取って、その毛で子どもたちにセーターを編んでくれました。「手編みのセーター」という言葉は都会でも耳にしますが、羊の毛を刈って毛糸にしてそれでセーターを編むという完璧な手作りは、今日ではめったに見られないはずです。フテは大正琴も弾いたということですから、手先の器用な人だったのです。本多の才能は、母から受け継いだものかもしれません。

札幌に出てきてからのフテは、しばらくは農場に働きに出ていましたが、そのうちに今度はその器用さを商売に向けます。札幌駅の北の方角「北45条」の自宅に約50坪の商店を併設し、タバコ、塩、酒、切手、米などの販売を始めたのです。

扱う商品は食料品などの他に、タバコや塩、酒、切手、米など。いずれも免許がいる商品です。フテはそういう免許を片っ端からとって、近隣にはない「スーパーマーケット」のような店にしてしまったのです。いまならばコンビニエンスストアがありますが、当時は同じような店はなく、酒も塩も切手も買える店として大繁盛しました。

一人ではお客様をさばききれなくなって、ついにはトヨタ自動車に勤めていた次男の昇二の仕事を辞めさせて、家族全員で商いをするようになりました。昇二は毎日、中央市場に食料品の買い出しに行って、それを売りさばきました。

そのときのフテの商売の鉄則が「損して得とれ」。

冬になれば店の中央にストーブを置き、大きな鍋で甘酒をつくって買い物に来たお客様に振る舞います。夏でも冷えたお水やお茶を用意して、お客様に喉を潤してもらう。多彩な商品を扱うだけでなくそういう細かな「気配り」もしたことで、お客様が絶えないわけです。最盛期には毎月の売上が1000万円にもなったといいます。家族だけでこの売上ですから、相当な商売上手です。

本多がカプリチョーザを開くときも、この両親の援助がありました。最初の6坪の店の内装を手がけてくれたのは父の与二郎。北海道から大工道具を持ってやってきて、材木を切ってカウンター等をつくってくれました。母のフテは「座敷をつくって座ってもらった方がいい」と言っていたようです。残念ながらそれは叶いませんでしたが、お客様に寛いで食べてもらいたいという思いからの言葉だったのでしょう。

本多の大盛り伝説も、「損して得とれ」の精神から。お客様に喜んでもらって、お腹いっぱいにしてもらえればまた来てくれる。商売はそうやって大きくしていくものだという、母の教えを守っていたのです。

本多も満員伝説を持っていますが、母も北の大地で繁盛伝説を持っている。

商売がうまかったといわれる本多の商売の才能は、明らかに母親譲りだったようです。

第3章

1960年代イタリア修業
～国立エナルク料理学校

イタリア料理修業へ出発

1960年代の初頭、本多は住み慣れた北海道札幌の街を後にして、一人イタリアに向かいます。

帰国後の本人の言葉によれば、横浜港から乗船し、2カ月近くかかってアフリカ大陸の最南端、喜望峰を回ってヨーロッパまで辿り着いたとか。第二次中東戦争の影響からか、スエズ運河が通れなかったようです。客船の最下等の部屋で、当時としても最も安い運賃でヨーロッパに向かったのでしょう。

1960年代初頭には、すでにヨーロッパへ向かう飛行機便もありました。その料金は24万5000円だったとか。それに乗らなかったことで、時間はかかりましたが、本多にはずいぶん大きな収穫があったようです。

それは2カ月の船旅の途中で、多くの友人ができたこと。のちに画家になる若者、歌手、航空会社のサラリーマン等々、イタリア滞在中も帰国後もお付き合いが続く人たちとの出会いがありました。

また船の厨房でアルバイトをしたり、片言の英語やイタリア語で会話を楽しんだり、日本では味わえなかった異文化体験を重ねました。

この時代に料理修業のために海を渡った若者たちは、日本からヨーロッパの本場を目指した「第一世代」といえます。

イタリア料理界での「第一世代」といえば、本多の他には本書でも紹介する、現在は東京・経堂で「エル・カンピドイオ」を経営する吉川敏明さん。東京・西麻布で「アルポルト」を経営する片岡護さん。異色の人としては、イタリア語の通訳を務めたり書籍を出版したりしていて、のちにレストラン「文流」のオーナーとなる西村暢夫さんがいます。

同じようにフランス料理界の「第一世代」としては、のちに「シェ・イノ」を開く井上旭さん、ホテルオークラの第4代総料理長の根岸規雄さん、「キハチ」の熊谷喜八さん、「クイーン・アリス」の石鍋裕（いしなべゆたか）さんたちがあげられます。

当時はいまのように、誰もが海外旅行をする時代ではありませんでした。データを見ても、1960年の出国者数はわずかに約12万人。1970年でも約94万人。現在の約17

00万人と比べると、隔世の感があります。

「第一世代」の時代には、前の東京オリンピックが開かれた1964(昭和39)年までは、一般の人は渡航先に身元引受人がいないとビザが下りませんでした。外貨の持ち出しも一人500ドルまで。1ドル=360円の時代ですから、持ち出せるのは18万円程度。大学卒業者の初任給は1960(昭和35)年で1万9000円台でしたから、海外渡航は庶民には高嶺の花でした。

札幌に残る妹のあや子によれば、イタリアに渡った本多からは時折「コレクトコール(電話を受けた日本側で料金を払うシステム)」がかかってきたとか。電話交換手に頼んで国際電話をかけてくるのですが、「お金が足りなくなったから送って」とせがむこともあったようです。

母・フテも長男が異国でひもじい思いをしているのが辛くて、郵便局や銀行からそっとお金を送ったこともあったとか。いまのようにインターネットやメール、ライン等ですぐに連絡がとれるわけではないため、海外に行くことは「水杯を交わす(これで一生会えないと覚悟すること)」一世一代の決断だったのです。

それでも本場で料理を学びたい。ヨーロッパの食文化に浸ってみたい。若者たちは一心にそう願い、海を渡りました。

本多もまたその思いで海を渡り、イタリアの首都ローマに辿り着きます。

面白いのは、同じ世代で海を渡った第一世代の料理人たちでも、帰国後の経営の仕方やビジネスの考え方、料理のポリシーには大きな違いがあることです。

帰国後、雇われシェフを経て東京・西麻布に「カピトリーノ」を開いた吉川さんは、「イタリア人よりもイタリアらしい料理」を手がけました。本多と同じでエナルク出身で、その後もローマのホテルで働いた経験がありますから、ローマ料理が中心です。まだイタリア料理に馴染めなかった日本人のために、「オーナーと喧嘩してでもコース料理しか出さなかった」ほど、頑固でした。

片岡さんは「アルポルト」を開いてからは、小皿料理に徹しています。それは日本料理や修業した東京・代官山「小川軒」の影響もあるでしょう。味は本格的、でもポーションは日本人向き。そんな料理です。

対して本多は——、本書を通してその料理の真髄を存分に「味わって」みてください。

トマトを使わないイタリア料理？

「イタリアにはイタリア料理というものはない！」

そう言ったら、みなさんはどう思われますか？

「そんな馬鹿なことがあるか？」

そう思われる人がほとんどだと思います。

ところがイタリアでは、これはほぼ常識。現地の人は「イタリア料理」というよりも、自分の生まれた地方の料理、たとえばローマ料理、ナポリ料理、北イタリア料理として認識しているようです。

たとえば、「北イタリアの地方料理ではトマトは一切使わない！」。

1970年代までは、これも常識でした。イタリア料理といえば、真っ赤なトマトが最初に頭に浮かんできますが、それはローマより南の料理のこと。イタリア人といえども、北イタリアでは一生トマトを食べないで死んでいった人もいたといわれています。

そもそもトマトは、いまから300年ほど前まで、食用というよりも観賞用の植物でした。食べられないというよりも、「毒がある」と信じられていたのです。だからトマトを食べろということは「お前死ね」ということ。トマトソースなんてとんでもないというのが、北イタリア人たちの「常識」でした。本多が学んだ国立のエナルク料理学校でも、何か揉め事があると「このトマト野郎！」というケンカ言葉が使われることもあったとか。

北イタリアの人たちは、トマトを料理に使う南イタリアの人たちのことを、どこかで侮蔑する気持ちが残っていたのかもしれません。もともと19世紀中ごろまでは国が違いますし、戦争中も北イタリアと南イタリアは政権が違いました。経済的な南北問題は、いまも尾を引いています（現在ではその意識は変わっていると思いますが）。

イタリア料理がそれぞれの地方料理だという認識は、イタリアの国家の成り立ち、歴史にも関係してきます。

そもそもイタリアは、中世ではいくつもの小国に分離していました。日本でも、各地の藩がまとまって「日本」という国の意識が芽生えたのは1868（慶応4）年の「明治維新」以降のことですが、イタリアもまた同じ。1860年代に「リソルジメント（再興）」

という近代化を目指すうねりが生じ、国家統一に向けて動き出したのです。それ以前は小国（サルディーニャ王国、シチリア王国、中部イタリアン県連合、ロンバルド＝ヴェネト王国、ピエモンテ王国、トレンティーノ・アルト王国等）に分かれていました。

これは中国料理やフランス料理も同じで、北京やパリに中央政府ができてから全国各地の料理を集めた「中国料理」「フランス料理」というものが生れたのです。日本でも、京都や東北、北陸、関西、九州、沖縄等には独特の料理文化があり、各地を比べれば、食材も調理方法も大きく異なります。世界中でその国の料理というものは、その国ができてきた歴史によって、だんだんと統一されてきたものといえるでしょう。

さらにいえばイタリアで「本物のピッツァ」といえば、現在私たちが食べているものとはずいぶん違うもののようです。伝統的なイタリアのピッツァは、シンプルな平たいパンの上にラードを塗って、すりおろしたニンニクを少々をのせた程度のものとか。

現在のようにピッツァの生地の上にプロシュート（生ハム）やソーセージ、オリーブ、チーズ、海の幸などをのせる豪華なメニューは、伝統的なピッツァ職人が1960年代〜1970年代に大量にやってきた観光目的の「アメリカ人」のために生み出したもの。ピッツァをテイクアウトするという文化も、アメリカからやってきたものといわれています。オードリー・ヘップバーンが主演して大ヒットした「ローマの休日」は1953年制作のアメリカ映画。ローマオリンピックは東京オリンピックの前の1960年開催ですから、映画やスポーツを通して、イタリアは観光産業を育成したわけです。

カプリチョーザの創業時、本多は「イタリアではこういうピッツァはつくったことがなかった」と言っていたそうですが、それはイタリア各地の伝統料理を教えた1960年代末期のエナルクでは、今日のようなピッツァはテキストに含まれていなかったから。

日本に早い段階でできた六本木のピッツァ店も、イタリア料理か？　といわれたら素直に納得できない人が多いのです。イタリア料理を知る人であればあるほど、あれはアメリカ料理では？　と思う人が多い。

とはいえ料理は時代と歴史によって変わります。日本の料理もそうであるように、イタリア料理も時代とともに――、それこそが不変の真実です。

国立エナルク料理学校

数々の遺跡と歴史あるビルが街の中に混在するイタリアの首都ローマ。そこから5〜6両連結のローカル線に乗って約90分。電車はまっすぐ西へ、地中海へ向かって走ります。沿線の左右には、6〜7階建てのマンションが建ち並ぶ新興住宅街。海岸が近づくと、建物は少なくなり野原や松林が広がります。

やがて着いた「Roma-Lido」駅で電車を降りて海岸線に出ると、ぽつぽつと小さなリゾート風のホテルが見えてきます。穏やかな地中海、よく整備された長い海岸線、夏になると多くの家族連れや観光客がやってくる、ローマ人に人気のスポットです。

かつてはローマの外港であった「オスティア・アンティカ」があるこの美しい風景の中に、本多が学んだ「(国立) エナルク料理学校」はありました。

本多が学んだ頃は、地中海の海岸に面した敷地の前面には部屋数100足らずのホテルと高級レストランがありました。その建物の後ろに、いくつかの教室や調理室を備えた料理学校が見えます。当時はリゾートホテルとして、大勢の観光客を受け入れていました。1980年の教育改革によって国立学校としては閉校となり、ホテルやレストランも閉鎖。いまは州立の料理学校として存続しています。設立当初の管轄は労働省でした。ムッソリーニ政権時代、移民に出るイタリアの若者に、どこの国のどんな街に行っても通用する職人技を教えることをミッションとして、誕生した学校でした。

1950〜80年代のイタリアは貧しく、ことに南イタリアからは大勢の移民がアメリカやブラジル、アルゼンチンを中心に海外に出ました。映画の「ゴッドファーザー」等にも登場するイタリアン・マフィアは、「移民」の時代を示す一つのシンボルです。

かつてのエナルクのコンセプトは、学生がつくった料理をお客様に提供し、ホテルとレストランを営業しながら学ぶこと。超実践形式でイタリア料理の本場の技術を会得するという、まさにプロユースの学校でした。

ここの日本人入学生第1号はすでに本書に登場いただいた吉川敏明さん。1966年の入学。本多は第2号で、1968年の入学でした。

とはいえこの学校は、吉川さんや本多だけでなく、多くの日本人の「研修先」として学びの場となってきました。本多が在学していた1969年から、現在高田馬場にあるイタリアンレストラン「文流」のオーナー西村暢夫さんが、毎年日本から大勢の研修生を連れてやってきました。第1回のメンバーは総勢44名。女性35名、男性9名。男性は全てプロの料理人であり、女性の中には「いのちのスープ」で有名な料理研究家の辰巳芳子さんや、NHKの「きょうの料理」で活躍した女性料理人もいたそうです。

講習会は3月2日から、3月30日までの一カ月間。その間、休日は6日間だけで、あとは週末も含めて毎日午前4時間、午後4時間、みっちりレッスンが行われたと西村さんが書いています（「文流サローネ」2015年11月、01号、№78）。

辰巳さんは、当時の様子をこう書いています。

「じつは私、力溢れる作品をあれほど多く生み出したミケランジェロの『生の源』が知りたくて、イタリアへ渡ったの。あの偉大なイタリア人が何を食べていたのか、それさえわかればいいと思っていました」（「料理王国」2012年11月号）

そのとき、主任講師のアントニオ・カルーソはこう言いました。

「料理はファンタジア。基礎を覚え込んでしまえば、あとはあなたの空想力、想像力で細い枝や葉は青々と繁茂する」

このカルーソこそ本多の恩師であり、1970年代に日本に働きに来たこともある料理人です。日本でも本多との関係は続きました。

辰巳さんは、カルーソから教えてもらった、「仔牛の骨でつくったフォン・ド・ブルーノ」が一番印象的だった書きます。

「ミケランジェロを育てたものがなにか、わかった」、と。

この研修を引率した文流の木戸星哲さんは、「月刊専門料理」のインタビューに応えて、こう語っています。

「第1回の研修に行きましたときは、吉川敏明さんは卒業されていて、本多征昭さんが勉強していましてね。私たちの面倒をよく見てくれました」

当時本多はローマに滞在して4、5年目の24歳。学校でも2年生でしたから、イタリア語もできたはず。辰巳さんとどんなやりとりがあったのか、どんなアドバイスをしたのか。想像するだけでもわくわくしますね。

エナルク料理学校、その2~偶然の入学

入学第1号の吉川さんと第2号の本多。

いまならば日本で入学の準備をして、満を持してローマに出発！　ということになるのでしょうが、当時の事情は違いました。

2人ともイタリアに向かうときはエナルクの存在など知らずに、「行けばなんとかなるだろう」という無謀な旅立ちだったのです。

吉川さんは当時の状況をこう語ります。

「私は高校を卒業して、ホテルニューオータニでサービスマンとして働いていました。当時はワインのソムリエになりたかった。でもイタリア料理も面白そうだなと思って、イタリアに向かったのです。大学に行かなかった分、親が渡航費を出してくれました」

ところがたまたまローマで出会った日本人が連れて行ってくれたレストランで、弾き語りの男と出会います。

「おれは以前はコックだった。おれが学んだ料理学校を紹介してやるよ」

と言って、エナルクの住所を書いてくれたのだとか。

そこで吉川さんが学校を訪ねると、最初は入学を拒否されたそうです。

「うちは国立だから、外国人は駄目だ」と。

ところが吉川さんがもう一度訪ねて、真珠のネクタイピンをプレゼントすると、

「入学ＯＫ〜」

あっさりと入学を許可されました。

本多もまた、当初はローマで時計職人として働いていましたが、知り合った人に勧められてエナルクの門を叩いたそうです。入学したのはイタリアに渡ってから数年後のことですから、その間は時計職人としての修業をしたりいろいろなアルバイトをしたりして、糊口をしのいでいたのでしょう。

けれどその器用さを認められて料理学校に進み、そこで花が開くことになります。

当時のエナルクは生徒数約１８０人。そのうちのコックは約80人。あとはサービスやパン職人コースの生徒。男子のみの全寮制でした。

各コースともに何クラスかに分かれて、一週間交代で教室での座学と、隣接したレストランやホテルでの実習の繰り返し。実習では、実際にお客様を迎えて料理を振る舞うのですから「真剣勝負」です。学ぶ料理のレベルとしては、イタリアでも断トツに高かったといいます。

そこでみっちり鍛えられると、卒業後はイタリア国内やヨーロッパ各地の高級レストランやホテルへの就職は、教授からの推薦だけで容易でした。

吉川さんは、教授の推薦でローマのヒルトンホテルに職を得ました。

「ところがヒルトンはエナルクよりも料理のレベルが低くて驚きました。パスタなんてイタリア人以外の客には茹で置きを出している。イタリア人が来るとさすがにばれるので茹でたてを出していましたが、アメリカ資本ですからめちゃくちゃです。宴会場は大きなのを持っていて、冷凍食品を最初に利用したのはヒルトンです。私は入社と同時にストーブ前やガルドマンジェといって、パスタの工程の担当を務めました」

入社した当時の給料は5万リラ。日本円では約3万円。次に移った職場では10万リラをもらったといいます。当時の日本の大卒の平均初任給約3万円と比べると倍近い収入です。

それだけエナルクでは、相当にレベルの高い授業が行われていたのです。

本多はこの学校を、開校以来外国人としては初の首席で卒業しました。

その成績が認められて、卒業後は大阪万博のカフェ部門の料理長兼通訳として日本に凱旋帰国。万博終了後も、不二家や銀座のレストランにシェフとして招かれていますから、その評価も高かったのです。

この時代には、五木寛之の『青年は荒野をめざす』という小説が売れました。海外に出ることは危険と無謀との背中合わせではありましたが、大きな夢を追うことであり、その後の成功への近道。

イタリアは、若者たちにとって間違いなくニューフロンティアでした。

いまでは世界中どこに行っても日本人があふれ、海外に出るだけでは成功への道には繋がりません。

いまから思えば、ある意味で羨ましい時代だったともいえそうです。

エナルクの実習風景

現在の州立エナルク料理学校では、15歳から20歳頃まで、中学の卒業生を中心に生徒が集まっています。

15～25人で1クラス。料理人が3クラス、サービスが2クラス。学校全体では合計5クラスあります。男女比は、男子6対女子4程度の割合。かつては男子のみの全寮制でしたから、イタリア料理の世界でもだいぶ女性にも門戸が広がってきているのでしょう。

2017年11月に訪れると、クリスマスに欠かせない料理、「ピッコリ・ストルデリ」をつくる実習が行われていました。これはベローナ地方の典型的なクリスマス料理です。パン生地の中にレーズンやオレンジピール、レモンピールを入れて何回も発酵させていきます。教室中にいい香りが広がりますが、生徒たちは必死の眼差し。先生の言葉を聞き漏らすまいと耳をそばだてながら、ヘラを使って生地を捏ねています。

50人は入るレストランでは、サービス部門の生徒たちがデクパージュ（お客様の前で料理を取り分ける技術）の練習をしていました。

フランス料理でもロシア料理でも、高級レストランでは料理を必ず大皿に盛ってきて、それをサービススタッフがお客様の前で希望に沿って小皿に取り分けます。料理によってはフランベ（調理中にアルコールを振りかけて素材を燃やす）したり、パイナップルを直接手で触らないでフォークとナイフで皮を剥いたり、見栄えとともに高等な技術が要求されます。

エナルクでも、そういう高度な技術が教えられていました。

この日学校にやってきてくれた、かつてこの学校で教授を務めたフィナモーレ・マリオ先生は、若き日の本多の写真を見せると懐かしそうにこう語りました。

「おお、この生徒には覚えがあります。確か海岸線で柔道の技を教えてくれました。とても強かった記憶があります」

本多がこの学校で学んだ1968（昭和43）年といえば、アジア初の東京オリンピックが開催された4年後のこと。ヨーロッパ人にとって柔道は「日本人のお家芸」ですから、本多も求められるままに友人たちに「一本背負い」や「大外刈り」などの技をかけて遊んでいたのかもしれません。

この学校の先生たちは、その後日本との交流にも積極的でした。文流の西村オーナーたちの招きに応じて、何人かの先生は日本にやってきて、本場のイタリア料理の講習会を開いています。マリオ先生、パスタ担当のエバンジェリスタ・フランチェスコ先生、肉料理担当のラッリィ・マリオ先生、アントニオ・カルーソ先生、等々。

日本人料理人たちの「イタリア料理を学びたい」という欲求も凄かったけれど、イタリア料理界にも「日本にイタリア料理を広めたい」という使命感があった。

その両者が相まって、吉川さんや本多のように海を渡る若者が大勢出てきたし、一カ月に及ぶ文流のエナルク研修会への参加者も多かったのでしょう。

イタリア人シェフたちも、日本という新天地を求めて、大勢やってきてくれたのです。なかでもエバンジェリスタ先生は日本好きで、娘のカルメリータさんを日本人生徒と結婚させせました。現在、東京・麻布十番で「ラ・コメータ」を開くオーナーシェフ鮎田淳治さんは、在学中に自宅に招かれ、お嬢さんをそれとなく紹介されたそうです。

カルーソ先生は、不二家に招かれて日本でイタリアンレストランのシェフとなります。本多もその手伝いをしましたから、日本でも師弟関係は続いたのです。

吉川さんや本多がエナルクを卒業したのは1960年代末。日本で自分の店を持ったのは1970年代の末。当時はまだ本格的なイタリア料理は普及しておらず、開店当初はお客様や店のオーナーとも「スパゲティが生茹でじゃないか」、「いや、これが本場のアルデンテです」、「なんでバジルの代わりにシソを使わないんだ」、「そんな材料では料理したくない」と大喧嘩だったといいます。けれどその数年後から本格的なイタリア料理ブームがやってきます。

つまりイタリアン第一世代の渡欧は、日本のイタリア料理界の「夜明け前」のこと。

それなりの苦労もエピソードもありましたが、イタリアンの夜明けを引き寄せたのは彼らの努力と汗の賜（たまもの）。青春を料理にかけた彼らの「情熱」が、日本にイタリア料理ブームを巻き起こしたといって過言ではありません。

第4章

1970年大阪万博・イタリア館コックとしての凱旋

食文化新時代の到来

温水洗浄便座、動く歩道、ワイヤレスフォン（携帯電話）、クレーンゲーム機、テレビ電話、缶コーヒー、ファミリーレストラン、回転寿司、甘味料での味付けやババロア状の加工を一切行っていない本格的なヨーグルト――。

これらの共通項はいったい何だかわかりますか？

そう、1970（昭和45）年の「日本万国博覧会」（通称、大阪万博）で初めて出品され、その後実用化して私たちの生活に入り込んできたものです。「人類の進歩と調和」がそのテーマでしたが、私たちの生活を「進歩」させたさまざまな新文明の機器やシステムが、この万博から生まれてきました。同時に食生活の面でも大いなる「進歩」がありました。

たとえば現在はどの町にも展開されるファミリーレストラン（ファミレス）。それは万博のアメリカゾーンに外国店扱いで出店された、「ステーキハウス」がその嚆矢でした。現在の「ロイヤルホスト」の前身です。

１９５０（昭和25）年に福岡で産声を上げたキルロイ特殊貿易株式会社は、翌年、日本航空国内線の営業開始と同時に、福岡空港で機内食搭載と喫茶営業を開始。55年にロイヤル株式会社を設立した後、70年の万博でのステーキハウスの成功を経て、71年に北九州市の黒崎に「ロイヤルホスト」1号店をオープン。その後店舗を全国に増やし、一時は３００店を超えていました。

もう一つ、この万博から生れた食文化があります。わかりますか？

これまた日本中で展開されている「回転寿司」です。

回転寿司が考案されたのは１９５８（昭和33）年のこと。大阪の立ち食い寿司店の経営者が、ビール製造のベルトコンベアをヒントに、多数の客を低コストでさばくための機械として「回転するづけ台」を発明しました。この年大阪府布施市（現在の東大阪市）近鉄布施駅北口に、最初の回転寿司「元禄寿司」が誕生しています。

この元禄寿司が万博に出店し、表彰されたことで一気に知名度が高まります。その安さ、手軽さ、明朗会計が人気を呼んで、１９７５（昭和50）年ごろからは郊外型の店舗も増えていきます。

このように、大阪万博は食文化の観点からも、新時代到来のきっかけとなる出来事だったのです。すでに述べたように、一般の人が「西洋料理」ではなく「フランス料理」、「イタリア料理」、「スペイン料理」、といった各国の料理の違いに目覚めたのもこの万博から。これ以降町場にも、各国の料理を誇らしげに看板に掲げた店が増えていきます。

本多はそういうイベントで、イタリア館のコックとして本国で抜擢されて日本に派遣されたのですから、まさに「凱旋帰国」。北海道の弟や妹も、「兄はかっこよかった」と、誇らしげにその思い出を語ります。

そのイタリア館で、本多のもとでコックとして働いた人の言葉を紹介しましょう。

イタリア館レストランで「輝いていた」料理人

「初めて万博イタリア館のレストランの厨房で見た本多さんは、本当に輝いていました。かっこよかった。英語もイタリア語もできて、軽食というかセルフサービスコーナーの料理長と通訳を務めていました」

そう語るのは、20歳のときに大阪の料理学校を卒業し、万博イタリア館のレストランで働いた経験を持つ志賀平和さんです。志賀さんはのちにイタリアに渡り、本多の紹介でエナルクに留学。その後10年間にわたってイタリアでの修業を積みますが、イタリア料理との出会いは万博のイタリア館。つまり本多がその師匠なのです。当時26歳だった本多にとって志賀さんは、可愛くて仕方ない「弟子」のような存在だったようです。志賀さんはこう続けます。

「本多さんがつくってくれるイタリア料理は、日本のイタリアンとは違って本当に美味しかった。ニンニクがすごく効いていて、こんな料理があるんだと感動しました。

それまで調理師学校では、洋食といえばフランス料理が主体で、イタリア料理はスパゲティを一度つくった程度。それも「麺は15分茹でます」と教わって、アルデンテなんてもんじゃありませんでした。そういう時代だったから、お客様も本場のイタリア料理に驚いた。ぼくら料理関係者にとっても、万博で出合った本場の料理は驚異だったんです」

調理師学校を卒業したばかりの志賀さんは、会場近くにアパートを借り、朝は10時から仕込み、11時に開店で15時までがランチタイム、その後昼食をとってまた18時から21時頃までがディナー、残業があると深夜0時までというパターンで約7カ月働きました。

「とにかく開店前からお客様が並んでいて、開店と同時に全部の席が埋まる。そこからずっとお客様の行列が途切れないんです。凄い人気でした」

イタリア館のレストランは、本多がシェフを務めるセルフサービスのコーナーと本格料理のレストラン・コーナーがあり、キャパシティは全部で150名程度。レストランの方にはイタリア人の料理長（ローマのヒルトンホテルから来ていた）と料理人が10人程度。日本人の料理人は、前もって半年間イタリアで研修を積んだ大手ホテルの料理人。合わせて20〜25人が働いていました。

とはいえ野菜や魚、肉といった食材はほとんどが日本産です。プロシュートやチーズも日本産かイタリア以外の国のもの。トマトとオリーブオイルだけはイタリアから輸入していたといいます。

「スパゲティの茹で方はイタリアほどアルデンテではなかったと思います。少し日本人向きに茹でていたようです」

と志賀さんは振り返ります。

本多はイタリア人からは「オンダ、オンダ」と呼ばれていました。イタリア人は「H」の発音ができないからです。自分が担当するコーナーの料理だけでなく、イタリア人シェフに取材や来客があると、通訳としてアテンドします。だからあまり厨房にはいられずに、とにかく目の回るような忙しさだったのです。

そういう中で、本多は常に志賀さんに言っていたそうです。

「お前はイタリアに行きたいならお金を貯めろ。イタリアの料理はこんなもんじゃない。もっともっと美味しいぞ」

「将来イタリア料理は世界で流行る。日本でもすごく流行るぞ。なぜならイタリア料理は健康食だ。日本料理に似ている。だから頑張って勉強するんだ！」

「お金儲けよりも、おれたちは食を通してみんなを幸せにするんだ。それが料理人の本当の喜びだ。そのうち金儲けに走るやつが出てくるけれど、そうなったら駄目だ。そのためにはもっとイタリアの文化、歴史、言葉を勉強しろ！」

やがて万博終了後、志賀さんは本多の教えを守ってイタリアに渡ります。

そしてエナルクに1年間通い、その後苦節10年。本場の料理文化を骨の髄まで学んで帰国。故郷の和歌山県にイタリア料理を提供するペンションを開き、大成功しました。

全ては「最初の一歩」を定めてくれた本多の教えから。

万博からは、このような若者がたくさん巣立っていきました。

コックの青春

志賀さんだけでなく、万博では多くの若者が「何か」を学び、その後それぞれの領域で花開いた人も少なくなかったといいます。

朝日新聞2007（平成19）年11月9日の記事に「万博の味　コックの青春」という記事がありました。そこにはこう書かれています。

「会場で働く若いコックたちの中に、石鍋裕（59）もいた。いまや『フレンチの鉄人』として知られる彼は、このとき22歳」

かつてテレビで人気を博した料理番組「料理の鉄人」。そのフレンチ部門の鉄人として君臨していた、東京・西麻布を本店として各地に系列店を構える人気フランス料理店「クイーン・アリス」のオーナーシェフです。

石鍋さんは早くに母親を亡くし、子どものころから台所に立ったといいます。中学を卒業したら料理の道に進むと決めて、訪れたのは「宮内庁」。かつて「天皇の料理番」というテレビドラマの主人公となった、昭和天皇の料理番として腕を振るった秋山徳蔵さんのもとで修業しようと考えたそうです。

ところが秋山さんから返ってきた言葉は、「ここにはもう新しいものはないよ」。

そこから石鍋さんの本格的な修業が始まるのです。

そして1970年、22歳のときに飛び込んだのが、大阪万博のイタリア館。その厨房の皿洗いにもぐり込み、次はブルガリア館で給仕係。賄い料理として出る素朴なトマトのパスタや初めて口にした甘くないヨーグルトなどに感動したといいます。

おそらく石鍋さんはイタリア館の厨房の片隅で、本多のことを「憧れの視線」で見ていたはずです。本多の一挙手一投足を穴の開くほど見つめながら、本場の料理、本場の味、本場の料理人の振る舞いを脳裏に刻んでいたことでしょう。

万博期間中は各パビリオンのスタッフと親しくなり、空き時間にはいろいろな国のパビリオンのレストランを手伝ったとか。夜は一緒に遊び、遊び疲れると会場のベンチで2、3時間の仮眠をとり、明るくなると起きてまた仕事。

「楽しくて楽しくて」という言葉が紙面に紹介されていますが、まさに若者の特権。好奇心の塊として、貪欲にさまざまなものを吸収していたのだと思います。

万博の仕事で初めて日本を訪ね、そこで料理人としての歩みを変えた人もいます。

東京・代官山でいまも続くフランス料理店「パッション」。

ここのオーナーシェフのアンドレ・パッションさんもまた、カナダ館のレストランでステーキを焼く料理人でした。

来日の理由は「富士山が見たかった」から。あるいは少年の頃カナダで葛飾北斎の浮世絵「富嶽三十六景」を見て、日本に憧れたのかもしれません。

パッションさんは、フランス人として日本にレストランを開いた草分け的な存在です。やはり万博でフランスパンを大ヒットさせた「ドンク」の社長に、万博後新しいビストロの料理長として採用され、日本で働き始めます。今に続くレストランは、まさにパッションさんの日本に対する「情熱」の産物。その縁をつくったのも万博だったのです。

大阪でイタリアン「ポンテベッキオ」を開くシェフの山根大助さんもまた、イタリア館で人生を変えた一人です。少年時代に父親に万博に連れて行ってもらい、イタリア館で食べたイタリア料理が印象的だったといいます。ことあるごとに「イタリア料理はうまいぞ」

と言っていた父親の影響もあり、長じてイタリア料理の道に進みました（朝日新聞、1999年7月22日）。

朝日新聞の記事はこう結ばれています。

「（万博の料理は）日本人に外食が身近になる『外食元年』ともいわれる。そして、コックたちの青春があった」

まさに万博は日本の食文化のエポックメーキングな出来事となり、食に新しい喜びを与えました。同時に多くの若者たちの人生をも変えました。本多もまた――。

青春の一時を万博に捧げた本多は、終了後、新しいチャレンジに乗り出すのです。

カプリチョーザ開店まで

１９７０年秋に万博が終了したあと、本多は日本に留まります。

このあとどうするか？

本多にも大きな悩みだったはずです。イタリアに戻って修業を続けるか、日本で職場を見つけるか？　あるいは自分でレストランのオーナーになる道を模索するか？　料理人は常にその分岐点で大いに悩みます。

たとえばエナルクで本多の1年先輩だった吉川さんは、「日本へ帰りたくなかった」と言います。それでも家族から「母親が病気だ」と聞かされて１９６９年に帰国。「帰国してみたらもう手術は終わっていた」と残念そうに言いますが、その後再度イタリアに行っても自分の店を持つことは難しく、結局日本で雇われシェフを何年か務め、東京・西麻布に自分の店「カピトリーノ」を開くに至ります。

当時もいまも料理人が店のオーナーになるのは一苦労です。料理の実力だけでなく、運や縁もないとなかなか道は開けません。

万博のあと、本多はエナルクへの入学を目指す志賀さんと札幌から出てきた自分の弟のみのるさんを伴って、再度ローマに向かいます。志賀さんが言います。

「本多さんは高校を卒業したばかりの弟さんを伴って、1971年の初夏にローマに向かいました。ぼくは一カ月遅れでローマに向かい、現地で合流。本多さんが入学の手続きをしてくれました」

弟のみのるさんは札幌の高校時代、たまたま野球部が夏の甲子園に出場しました。その応援に行ったときに万博のイタリア館で働いていた本多のアパートに居候して、そのコック姿を見て「自分も料理人を目指そう」と思ったそうです。

みのるさんと志賀さんは、1971年9月から、エナルクで1年間勉強することになりました。

本多は2人の入学を見届けると帰国して、当時、不二家に誘われて日本でイタリアレストランを出店しようとしていたエナルク教授のアントニオ・カルーソに誘われます。銀座8丁目で当時、不二家が展開していた「カプリ」、荻窪等に支店も出したピッツェリア。それらの店の指導者として、レストランを回るような生活でした。

ちなみに「カプリ」は、のち1978年10月に発売された「アングル」という雑誌の「ピザハウス24店」という特集記事で紹介されています。「銀座のデートコースに入っている」「行列が絶えない」「やや厚めの台にこってり載っているオランダゴーダチーズ」と紹介されていて、本多が指導したローマ風の本場の味は、本多が辞めてからも人気だったようです。

この不二家で働いていた時代に、本多はとある投資家に引き抜かれ、銀座のすずらん通りの「マレンゴ」という店のシェフとなります。そこでアルバイトをしていた恵子（現・カプリチョーザ社長）と出会い、恋愛して結婚というストーリーがうまれます。

ちなみに「カプリチョーザ」という店名は「きまぐれ」という意味。このころの恵子をイメージしてつけたものといわれます。手書きのメニューに残る本多のイラストに描かれた女性も、なんとなく若き日の恵子に似ている……。

本多は雇われシェフとしてかなりの高給をもらい、のちのカプリチョーザ開店の準備をしていたのでしょう。

やがて1978（昭和53）年、本多は満を持して東京・渋谷区東1丁目、六本木通りを並木橋に向かう道沿いにある当時新築のマンションの1階に小さな店舗を見つけ、そこで開店準備に入ります。

このとき父与二郎は大工道具を持って内装工事に駆けつけ、母フテはオープンのために1000万円を出してくれた――。

家族の後押しもあって、本多はオーナーシェフとして船出します。

時に34歳。すでに一粒種の理奈（現・カプリチョーザ取締役）も生れていて、一家3人でのチャレンジでもありました。

第5章

本多征昭物語、その2

～本多を知る人々

吉川敏明さん〜ライバルとして、親友として

「ぼくと本多くんは正反対の料理人でした」

そう語るのは、東京・経堂にある「エル・カンピドイオ」のオーナーシェフ、吉川敏明さんです。すでに述べてきたように、吉川さんはローマの「国立エナルク料理学校」の日本人留学生第1号。1967年に入学して翌年に卒業しました。本多よりも2年先輩ということで、この業界で本多のことを「くん」づけで呼ぶのは、吉川さんだけのようです。

吉川さんは1946年（昭和21）年、東京は早稲田の生れ。両親は精肉店を営んでいました。野球の王貞治選手（当時甲子園で優勝）に憧れて早稲田実業に入り、卒業後はホテル・ニューオータニに入社して、サービス担当でした。

「たまたまイタリアに知り合いがいて、これからはイタリア料理が面白いんじゃないかと思って、イタリアに行ったんです」

偶然入ったエナルクを卒業する年に入学してきたのが本多征昭。卒業後もエナルクに顔

を出すことのあった吉川さんは、自然と本多と知り合い、以降帰国後もエナルクOBとして、またまだまだマイナーだったイタリア料理を盛り上げていく仲間として、本多とタッグを組んで「エナルク会」をつくったりもしました。

「でもぼくはイタリア料理にとことんこだわるタイプ。本多くんはそれよりも日本人向けの料理や若者向けの料理を出して、イタリア料理の裾野を広げたいと考えるタイプ。ぼくは商売はどちらかというと苦手だけれど、本多くんは商売には長けている。そういうところは対照的だったと思います」

イタリアに滞在していた4年間で、日本食を食べたのは、人が奢ってくれた2回だけ。それだけイタリアに心酔した吉川さんだけに、イタリア料理、ことにローマ料理に対するこだわりには相当なものがあります。帰国後「カーサ・ピッコラ」等で雇われシェフとして働いていたときには、オーナーやお客様とはしょっちゅうぶつかっていたといいます。

「お客様はイタリア料理を知らないから、このスパゲティは生茹でで固い、芯があるとか言ってくる。もっと柔らかく茹でろなんて言われても、それじゃイタリア料理じゃなくなります。だからぼくはイタリア料理の全てを知ってもらうためにコース料理しか出さなかった。お客様も教育しないといけないと思っていました」

オーナーと喧嘩の末に店をクビになったり、高級店からシェフに誘われても「高級すぎてタイプじゃない」と断ったり。オーナーとなって西麻布に「カピトリーノ」をオープンさせてからも、自分がイメージするお客様がつくようになったのは3年が過ぎてからだったとか。

吉川さんがここまでローマ料理にこだわったのはなぜか？　それはもちろんイタリア料理の本当の魅力を日本に伝えたいという思いでもありましたが、もう一つ、後輩のためでもあったといいます。

「イタリアに修業にいける子はいいけれど、それができなくて日本で学ばないといけない子も多かったから、せめてぼくの料理が模範になるようにと考えました。店で雇う子も、3年たったらイタリアに修業に出す。そういう方針で鍛えたものです。でもそうやっていると、やっと仕事を覚えたころにはイタリアに行ってしまって、また新しい子を鍛えないといけなくなる。いつまでたってもぼくの仕事は減りませんでした」

そう言って苦笑します。カプリチョーザに対しては、こう思っていたそうです。

「本多くんが1985年からフランチャイズにするのも見ていましたが、必ず成功すると思いました。なぜなら本多くんのつくる料理はニーズがある。フランチャイズにすれば資本力もつくから、いい場所に店を出せる。イタリア料理が広がっていく確率は高いと思っていました」

いま吉川さんは席数8、シェフ一人、サービススタッフ一人の小さなレストランで本場の料理をつくり続けています。毎年一度のイタリア詣でも欠かしません。イタリアへは「帰る」と表現し、ローマに着くと「ただいま」と呟く。一週間程度の滞在では会いきれないほどの仲間も現地にいます。

吉川さんのイタリア愛、ローマ愛は今も不変です。

「イタリア料理のチェーン店はカプリチョーザが本家。その後にできたチェーンはみんなその真似をしただけ。カプリチョーザでイタリア料理の真髄を味わってほしいです」

いつも厳しい表情を崩さない吉川さんが、そう言ってほんの少し、目元を緩めてくれました。

「パスタの神様」が見たカプリチョーザ

「パスタの神様」と呼ばれる人がいるのをご存じですか?

千葉県柏市の郊外にある製麺メーカー。その生産管理部長を務める高橋圭夫さんこそその人。なにしろ高橋さんの設計（小麦粉の品質、粉の磨き方、練り方、乾燥のさせ方等々）でつくられたパスタは、一日20万食も生産されているのです。

カプリチョーザとの出合いをこう語ります。

「私は若いころに何人かのイタリア帰りのシェフに会って、パスタの魅力に取りつかれました。本多さんもその一人。いまから約30年前に初めてカプリチョーザを訪ねたときは、その繁盛ぶりといつ行っても必ず芸能人がいる人気ぶりに感動して、『これなら日本でもパスタで勝負できる』と確信したんです」

高橋さんが本多と会ったのは１９８４（昭和59）年頃。本多がフランチャイズ化を考えて、そのソースを生産委託できないかと相談してきたときだといいます。

「その話はレシピの問題からうまくいかなかったのですが、当時私がいた製粉会社でもパスタの直営店を出そうと考えていたので、勉強のためにカプリチョーザに行ってみると、本当にいつでも行列ができていて、商売としても大ヒットしていました」

「これならパスタの店でも採算がとれる」と考えた高橋さんは、その後直営のチェーン店をつくったり、生パスタの量産に挑戦したり。すっかりパスタに取りつかれて、一時は所属していた製粉会社を離れ、フリーランスのパスタコンサルタントとして、全国の製麺メーカーやイタリアンレストランなどでのコンサルティングも展開しました。だから総計すると日々「20万食」もの「高橋さんが設計したパスタ」が生産されているのです。

カプリチョーザの本多との出会いがなければ、パスタの神様も生れなかった。そう考えると、人生の縁の不思議さを思わざるを得ません。

野網大二さん～面接の日から今日まで

「ぼくは三重から引っ越してきて入社の挨拶をしたその日から、本多さんに『スパゲティでも食べていけ』と言われて食べている間に制服を用意されて、そのまま夜まで働かされました。それくらい忙しかったんです」

そう言って苦笑するのは、１９８６年にカプリチョーザに入社した野網大二さん。創業当時からの社員として一番の古株。現在のカプリチョーザの大番頭といってもいい存在です。厨房で奮闘する本多の仕事ぶりを、間近で見ていた「証言者」でもあります。

カプリチョーザに縁があったのは、万博のあとで本多が雇われシェフとして大阪に赴任していたときのこと。航空会社のＣＡだった野網さんの姉が本多の店の常連だったことが、ひとつのきっかけでした。その後、東京でカプリチョーザを開店していた本多のところに、偶然、野網さんの姉が訪れて再会。この再会を機に、弟の野網さんがカプリチョーザで働くことになりました。

三重県の高校生だった野網さんは、渋谷で本多が借りた家賃6万円1Kの部屋で生活することとなり、一年間は皿洗いの毎日でした。

「東京で一人暮らしを始めたのも束の間、余りに忙しすぎて銭湯の開いている時間に家に帰れないほど忙しくて呆然としました」

「行列伝説」真っ只中のカプリチョーザでの仕事は、午前10時から始まる仕込み、お昼の営業、その片づけ。昼食は店屋物の賄い飯を5分間座ってかき込むだけ。自分たちで賄い料理をつくる暇もないほどの忙しさでした。本多が店にやってくる14時からは、また夜の仕込み。そして17時から営業が始まり、ラストオーダーは21時半、閉店は22時。その間ずっと立ちっぱなしの生活です。

「その一年間は、洗剤を使うので肱まで手荒れしていましたし、一年後には50キロにまで痩せて友だちからは『そのままじゃ死ぬぞ』と言われたり。本当に働きずくめでした」

その間ずっと本多の傍にいただけに、野網さんはさまざまな本多のエピソードを話してくれます。

「業者さんに対しては、意地悪ではないんでしょうけれど、お金の払いが悪いんです。社長が請求書を持ってきても、『今日はお金がないから今度ね』なんて言って帰してしまう。本当は毎日の売上が医者の鞄のような大きな黒いバッグにいっぱい入っているのに。2度3度と追い返すので、業者さんがほとほと困っていました」

「キャッシャーは手作りでした。お金を入れるところだけをどこからか拾ってきて、直して使っていた。そういうことにはとんちゃくしない人でした」

現在も本店に残っている「華婦里蝶座」という木製の大きな看板も、本多の手づくり。当時オープン間もないころのディズニーランドのスタッフが、アメリカからやってくると必ずカプリチョーザに寄ってくれていました。「何か店のカードはないの?」と聞かれたとき、本多はこの漢字の店名を思いつき、カードをつくるとともにどこからか木材を持ってきて、自分で漢字を彫ってバーナーで焼いて店の看板にしたと野網さんは聞きました。

——外国人はカタカナよりも漢字をあてると喜ぶ。

異国での生活が長かったからか、そういう特性も見抜いていて、社名も漢字の「株式会社伊太利亜飯店　華婦里蝶座」にしたのです。野網さんが振り返ります。

「本当に器用で天才的な人でした。食材にしても、ここでは語れないような、ぼくらでも

『えっ！』と驚く食材を見つけてきて美味しい料理に仕上げてしまう。あれだけ大勢のお客様からのオーダーを一人でこなし、美味しさを保ち、チェーン店にしてからも30年以上もその味が愛されているのですから、凄い料理人だったと思います」

まるでいまも本多が目の前にいるかのように――、野網さんはその姿を生き生きと語ります。

この人にとって、本多征昭は心の中に生きている。

そう思わせてくれる言葉の数々――。

菅沼淳江さん〜まるで姉弟のようなお付き合いで

「今度店を開くことになりました。名前はカプリチョーザです」

菅沼淳江さんは、本多からもらった絵はがきに、そう書かれていたことを覚えています。

「あのはがきをもらったのは、カプリチョーザのオープン前ですから、1977年か78年の初めのころだったのではないでしょうか」

このころ菅沼さんは、「月刊専門料理」誌の記者として西洋料理を担当していました。

「あのころは誌面でイタリア料理のことを特集するのが難しかったんです。日本料理やフランス料理、中国料理の陰に隠れて、イタリア料理は存在感が薄かった。でもイタリア料理は絶対にこれから人気が出ると思って、たとえ1ページでも毎号イタリア料理を載せようと、編集会議ではいろいろと企画を出して頑張りました」

本多との出会いは、銀座の「ベルベデーレ」時代。前に書いた、1972年の「月刊専門料理」に初めて載った本多の記事を取材したのが菅沼さんでした。

「ラザーニャ・ヴェルディ、家庭風」

その料理が印象的だったからこそ、菅沼さんはその後も本多との関係を切らなかったのでしょう。本多もまた、菅沼さんを慕っていたのでしょうか。絵はがきは、本多がイタリアを訪ね、その帰路、空港から出されたものだったのではないかと菅沼さんは言います。

「その後会社に電話があって、『店を開いたよ』というから『どこ?』と聞いたら「渋谷区東一丁目、なんとか警察の角を曲がってまっすぐくると突き当たるからすぐにわかるよ」と言っていました。そのとおりに行くと——」

菅沼さんが「突き当たった」のは、カウンターのある小さな店。

「ちょうどいいわね、一人でやるには」と言ったあと、「お腹すいたから何かつくって」と頼むと、出てきた料理を一目見て菅沼さんはびっくり!

「なにしろスパゲティの盛り方が凄いんです。普通の一人前の優に1・5倍はある。こんなに盛っちゃって採算が合うの?　なんて言いながら、私はお腹がすいていましたから、ぺろりと食べてしまいました。一番オーソドックスなものを頼んだはずだから、たぶんニンニクトマトソースだったと思います」

店内を眺めていると、本多は出てきた料理のあまりの量の多さに驚いているカップルや若者を見て、にやりとほくそ笑んでいたとか。そういう仕種を見ていた菅沼さんは、「私から見ると本多さんは本当にやんちゃで、ちゃめっけのある弟のようでした」

本当は本多の方が2歳年上なのですが、本多の感性を、やんちゃな弟のように感じていたのです。

その後取材で本多と会ったのは、1980年代の初め。1号店の裏の少し広い、いまの本店に移ってから。菅沼さんが「料理の写真を写させて」と言うと、本多は、

「もうじき広い店に移るから、それから取材をやろうか」

と言って、菅沼さんを少し待たせたそうです。あまりに仕事が忙しいため、本多は他の雑誌やテレビの取材はほとんど断っていたそうですから、菅沼さんに対する信頼が感じられるエピソードです。そのときの取材は、「月刊専門料理」1983（昭和58）年3月号の「プリモ・ピアット」に載った、カラー見開き2ページの料理写真と2ページの料理解説になりました。

ちなみに柴田書店の初代社長・柴田良太さんは「良い仕事を残したい」という言葉を書

いた巻頭言集を出しています。その意味は――――、

「鹿児島市の『グリル嘉永』の井上さんの話で、社内の若い女性が郷里の人に、『お仕事は？』と聞かれても『飲食業』と答えられなかった。それを聞いた柴田社長は、『これじゃいけない、もっと料理人の地位を引き上げないといけない』と思って、料理のプロを対象にした『月刊専門料理』を発行することにしたそうです。だから専門料理誌に登場していただく料理人は、いずれもその道の第一人者。将来料理長になるような人でないといけないと、常に言われていました」

そういう雑誌に認めてもらったこと。料理を掲載してもらったこと。

本多もそれは嬉しかったのでしょう。何かあると必ず電話をかけてくる「弟」でした。

その後も菅沼さんが食事に行くと、常に行列が並んでいて、ゆっくり食べる暇はなかったとか。一人で行ってテーブル席を潰してはいけないからと、必ず誰かと連れ立って食事に出かけたそうです。

記者と料理人の信頼関係。その関係は、ある「悲劇」が起きるまで、続いていくことになります。

早川哲さん〜実の兄貴以上の兄貴だった（談）

ぼくは柴田書店時代、「月刊専門料理」「月刊喫茶店経営」等の雑誌や書籍のカメラマンとして、本多さんの料理を何回も撮影しました。初めて取材したのは、銀座ソニービルにあった「ベルベデーレ」。その後、六本木と大阪にあった「パブ・カーディナル」には何度も伺いました。当時にしては斬新な料理で、いつも期待以上の料理をつくってくれるのが本多さんでした。

本多さんもぼくの写真を気に入ってくれて、撮影取材があるとカメラマンにぼくを指名してくれました。ぼくも本多さんの料理の美味しさだけでなく、イタリア人的な陽気さと面倒見のよさにひかれて、渋谷の近くに取材に行くと店に寄ったり、プライベートでも頼りにするようになりました。ぼくが1977年の秋に結婚したときは式にも出席していただいたし、長女が生れたのはカプリチョーザのオープンの年（1978年）、次女が生れたのはいまの本店に移転した年（1982年）と、人生の区切りの年も同じなんです。

本多さんが1982年に広い店に移った頃、故郷の三重県松阪のイタリアン「サルーテ」の若いオーナーシェフを本多さんに引き合わせたことがあります。いい店にするために、本多さんに経営のコツを聞きたいということでした。そのときも本多さんは、何一つ隠すことなく全ての質問に答えてくれて、そのシェフを励ましてくれました。

本多さんのことで特に思い出に残っているのは、ランチのときにお客様が席に座ったら、すぐに熱々のスープを出していたことです。本多さんがいつもランチで出すオニオンスープは本当に美味しくて、冬は熱々で体が温まる。夏でも美味しいんです。少し油が入っているからいつまでも冷めないし、何回飲んでもまた飲みたくなる。行列で少々待たされても、あのスープを飲めば納得できる。そういうスープをお客様全員に座った瞬間に出す。それがサービスでありお客様に対する気持ちだと本多さんは言っていました。

本多さんには、本店に移るときに茹で麺機を紹介したこともありました。1号店と比べると広さが3倍の店になるので、それまでの機械ではキャパオーバーになってしまう。そこでぼくが広告撮影していたメーカーの新しい機械を紹介したんです。行列が延々続く店だから茹で麺機も酷使される。機械はいつも満タン状態で、その分お湯も蒸発するから常に蛇口から水をチョロチョロ入れ続ける。その状態で営業時間いっぱい茹で続けるわけですから、それに耐えられたら機械の品質の証明になる。メーカーもずいぶん手厚くケアしてくれて、トラブルがあったらすぐに担当者が飛んできてくれた。そのことを本多さんは感謝してくれていたようです。

ぼくが仲間と伊豆に別荘を持ったときにも、本多さんは食器を10人分プレゼントしてくれました。建ててすぐのころ、本多さん一家が伊豆に遊びに来てくれたことがあります。泊まっていってと言ったんだけど、その日も日帰りで帰っていった。翌日の営業に備えたんでしょう。本当に忙しい人でした。

本多さんの体調不良を感じたのは、１９８７年の初夏のころだったでしょうか。３カ月くらいずーっと風邪っぽいと言い続けていて、「まだ治らないの?」なんて軽口を言っていたんです。この年の7月にぼくは神保町の山の上ホテルの下にキッチン付きのスタジオを開設。そのオープニングパーティーを開きました。そのときは和食の道場六三郎さんが娘さんを連れてきてくれたり、イタリアンからは片岡護さん、吉川敏明さん、フレンチからは鎌田昭男さんといった有名シェフもたくさん来てくれました。

本多さんはパーティーの席で「明日病院で検査するんだ」と言っていた。その検査後にすぐに入院となったので、ぼくのパーティーが元気な本多さんの最後となってしまったのです。

入院して一度家に戻ったときにお見舞いに行ったんですが、本多さんは思ったよりも元気で、カナダに店を出して移住する夢をずーっと語っていました。入院した直後には余命半年と聞いていたのですが、もう半年も過ぎていたし明るい表情だったので、このまま治るといいなと思っていたんです。ところがお見舞いに行って帰宅すると、すぐ奥様から電話があり、体調が悪化して再入院したと告げられて。あまりに急だったので呆然とした記憶があります。

本当に本多さんは、ぼくにとっては実の兄貴以上に頼れる人でした。早すぎた。あまりに早すぎた。いまも本多さんのことを思うと、あまりに早すぎた死に、いまも口惜しい気持ちでいっぱいです。

佐竹弘さん～料理は吉川さん、ビジネスは本多さんに学べ

「ぼくにとってイタリア料理を学ぶのは吉川さん、でもビジネスを教わるのは本多さんでした」

そう語るのは、かつて六本木にあった超人気店「ヂーノ」のシェフ・佐竹弘さんです。「ヂーノ」はアメリカのカーター大統領や、シドニー・ポワチエら外国人要人も来店する店として名を馳せました。佐竹さんはその後何店舗かのシェフを経て、料理人としてのキャリアは、2017年、馬喰町にあった「リストランテ レーネア」でフィニッシュ！　齢63歳で完全引退をしたシェフとして、「伝説」の人となりました。

その料理人としてのスタートは、本人も驚くほどに、本多との縁が深いのです。

「まだ料理人になろうなんて思っていなかった中学生のころ、忘れもしない何かの雑誌で大阪万博の特集がありました。当時人気の芸能人、江木俊夫と吉沢京子だったと思うんだけど、イタリア館でピッツァというものを食べて、チーズが糸を引いている写真があった

んです。中学生の食いしん坊としてはそれが食べたい。あの食べ物は何だ？　いまでも忘れないくらい、強烈な思い出です」

そのピッツァは「本多さんがつくった料理だったのではないか」と、料理人を目指すようになってから、佐竹さんは気付きます。

それだけではありません。

「20歳のころ、銀座のフランス料理レストランで修業していたころ、また本多さんとの出会いがありました」

すでに料理人を目指していた佐竹さんの目に飛び込んできたのは、とある雑誌のイタリア料理特集。そこには銀座の不二家系列のレストランのシェフだった本多がつくる「トマトの煮込み」や、「スパゲティ・アラ・〜」といった本場の料理が写真つきで紹介されていました。

——おれがつくりたい料理はこれだ！

そう閃いた佐竹さんは、フランス料理のレストランをやめてイタリア料理を目指したのだとか。当時原宿にあった、日本のイタリア料理のマンマと呼ばれた堀川春子さんのいる

「トスカーナ」に移り、数年後に北イタリアのストレーザにあった料理学校「エ・マッジャ」に留学します。堀川さんは1932（昭和7）年にローマの外交官のメイドとしてイタリアへ。以降日本に本格的なイタリア料理を紹介し、多くのシェフを育てた人です。

「エ・マッジャの生徒はいつもスーツにネクタイ着用でした。町で会う人は誰もがお客様だから、普段からきちんとした身なりをしなさいと教えられました」

ストレーザはスイス国境マッジョーレ湖畔のリゾート地だったので、周囲に富裕層が住んでいたからでしょう。1年後に卒業するときは校長先生が卒業証書にサインしてくれて、「これを持っていけばスィニョール村上でも（帝国ホテル）スィニョール小野でも（ホテルオークラ）すぐに入社させてくれる」

と太鼓判をおしてくれたそうです。それほどレベルの高い授業が行われていたのです。

帰国した翌日に先輩から電話があり、「明日から赤坂の店でシェフをやらないか」、「学んできたイタリア料理を日本風にアレンジしないでいいならやります」。

そんな会話ののち、怒濤のようなシェフ人生が始まるのです。

ところが本多のことはここまで意識しながら、実際に会ったのは一度だけでした。

「カメラマンの早川哲さんのスタジオ開きの日に、初めて本多さんと会いました。吉川さんが『本多さんがきているよ』と教えてくれて、緊張して挨拶すると、『おお佐竹くんか、知ってるよ。頑張ってるそうじゃないか』と声をかけてくださった。ぼくのイタリア料理への道をつくってくれた人からの言葉。嬉しかったです」

本多さんはイタリアで学んだ料理文化をビジネスに変えた人――。佐竹さんは、いまも本多を尊敬しているといいます。

「ぼくらの世代は、吉川さんと本多さんのあとをついていけばよかった。あの2人がイタリア料理界の両雄でした。そう思っていたのに、あのパーティーの1カ月後くらいに突然電話がきて――」

電話を受けた佐竹さんは呆然として、気がつくと近くにあったレストラン「キャンティ」のトイレで泣き崩れていた――。

佐竹さんにとっても冷酷な現実が、目の前に突きつけられたのです。そこから佐竹さんの料理人生も、大きく変わっていくことになります。

勝又道則さん～週に一回は通った「青春の店」

創業当時、毎週一度は必ず店に通ったコアなファンに、勝又道則さんがいます。

20代前半のころ、勝又さんがカプリチョーザを知ったのは、代官山にある老舗洋食レストラン「小川軒」の料理人からの口コミでした。

「代官山の喫茶店でだべっていて、この辺で最近美味しい店ありますか？　と聞いたら、料理人の誰かが『並木橋の馬券売り場の先にあるカプリチョーザが美味しいよ』と教えてくれたんです。料理人の言葉ですから、すぐに行ってみました」

するとガラス張りの小さな店があり、空いていてすぐに座れたとか。創業直後のことだったのでしょうか。その後は通うたびにどんどん客数が増えて、なかなか入れなくなった。つまり勝又さんは、カプリチョーザの「行列伝説」の証人でもあります。

住んでいる家が本多家の近くだったこともあり、帽子をかぶった本多が、愛車である大きなスカイブルー色のシトロエンＣＸ２２００に乗る姿もしばしば見かけたそうです。

「何回も店に通ううちに本多さんとは仲よくなりました。そのうちシトロエンのＳＭも買ったというのを聞いて、自分と同じで車好きなんだとわかって。この車のエンジンはマセラティ製で恐ろしく速い！　この車に娘が乗るとおれの眼が怖いって言うんだよって言うから、相当飛ばしていたんでしょうね。当初は有鉛エンジンだったのを、２００万円かけて無鉛にした。そんなことも聞きました。そのうちに私の弟がこの車を『欲しい』と言い出して、１９８６年ころかなぁ。２００万円で本多さんから買ったんです」

当時本多はもう一台、色はガンメタ（金属光沢のある渋いグレー）のベンツのＳクラス、も所有していました。本多がその車に乗っているのを見た勝又さんが、「似合わないな」とからかうと、「みんなに言われるよ」と苦笑していたといいます。

勝又さんが本多から買ったライトグリーンのシトロエンＳＭを運転すると、これが難しい。左ハンドルのマニュアル車。ブレーキの遊びがない！　エンジンもすぐに落ちる！　この車は日本に輸入された台数が２００~３００台しかなかった貴重なもので、相当なカーマニアでないと乗りこなせないものだったようです。

青春時代の勝又さんがよく行った店は、イタリアンでは六本木の麻布警察署の近くにあった「アントニオ」。ソ連のスパイのたまり場だと噂されていた六本木の「ニコラス」。青山では「元祖24時間営業」のスーパー「ユアーズ」。青山三丁目の交差点の角にあった「バーン」。着ていたのはアイビールックで、高倉健さんが映画で着ていたバラクータのスイングトップ、リーバイスの501などが定番でした。このころ女の子たちにはハマトラ（横浜トラディショナル）が人気で、雑誌では読売新聞社から「MADE IN U.S.A」、平凡出版（現マガジンハウス）からは「ポパイ」が創刊されました。

1980年代の後半は、日本がバブル経済に向かって走り出す前夜。日本経済も若者たちも元気な時代でした。

勝又さんがカプリチョーザに初めて来たときは、恋愛中だった奥様と2人。その後結婚されて、子どもが生れると3人でカプリチョーザに通うようになったとか。

「何回も来たから本多さんの大盛りにも慣れて、親子3人で来てもイカとツナのサラダとトマトとニンニクのスパゲティ。子どもが小さかった頃は妻と交互にだっこしながら食べたものです」

その他のメニューで勝又さんの記憶に強烈に残っているのは、「爆弾」と呼ばれ、ソフトボールくらいの大きさのあった「ライスコロッケ」。「エスカルゴ」や「スモークサーモン」。話していると次々とメニューが出てくるほど、勝又さんにとってカプリチョーザは「青春の味」。奥様や娘さんと共有できる「家族の思い出の味」でもあるのでしょう。

親子で、そしてお孫さんまで含めて3代で「家族の味」にしてくれる勝又さんのようなファンは、創業40年となるカプリチョーザならではのものです。

いま勝又さんが本多から買ったライトグリーンのシトロエンは、所沢の修理工場に置いてあります。部品を買うためにイギリスまで出かけるほど、勝又さんはこの車を可愛がりました。

「年に一度、八ヶ岳の車山高原でフレンチ・ブルー・ミーティングが開かれます。そこに行けば同じタイプの車が見られると思いますよ」

勝又さんは、遠くに懐かしいものを見るような視線で、そう教えてくれました。

本多もそのパレードを空の上から見ているのかもしれない――。

本多にとっては、青春時代の貴重な思い出を共有した勝又さんは、「同志」と呼べる関係にあったのかもしれません。

鮎田淳治さん～エナルクはイタリア料理界の先生だった

麻布十番にあるイタリア料理レストラン「ラ・コメータ」。

この店のオーナーシェフの鮎田淳治さんも、ローマにあった国立エナルク料理学校の卒業生です。イタリアへ渡ったのは1975年、23歳。最初は「文流」が主催する料理研修会への参加でしたが、「イタリア料理で食っていこうとするなら5年間は修業しないと無理だ」と言われて、歯を食いしばって5年間ローマに滞在して料理修業を続けました。

滞在中にはエナルクの教授だったエヴァンジェリストさんのお嬢さん、カルメリータさんと結婚されて、いまは2人の息子さんがいます。長男はイタリア食材の輸入商、次男はシェフとして店を継いでいます。鮎田さんは当時のエナルクの存在をこう語ります。

「日本のイタリア料理界において、エナルクは一つのステイタスでした。1969年から年に一度、文流さんが主催して、一カ月にわたってローマのエナルクに滞在する料理研修が開かれた。多くの料理研究家や現役のプロが参加しました。1970年代になると、エナルクの先生方を日本に招いてイタリア料理研修会も企画されました。だから全国にその名前が浸透して、イタリア料理を目指す若手の料理人は、エナルクに憧れたものです」

１９８０年に鮎田さんが帰国したとき、ちょうど日本でも吉川さんや本多を中心にエナルクの卒業生たちが集まって、「エナルク会」が組織されました。

「あの時は東京、大阪、名古屋、奈良といったところからＯＢたちが集まって、会が組織されました。これから日本でもイタリア料理を広めていこう、確かな技術を伝承していこうと燃えていました」

鮎田さんはイタリアにいたころ、イタリア人シェフからこんな批判を受けたことがあると言います。

「ぼくらが一生懸命にイタリア料理を教えても、どうせ君たちは日本に帰れば日本的な料理に変えてしまう。なんでそんな人たちに一生懸命に教えないといけないんだ？」

そんな批判に応えて、日本でも妥協せずに本格的なイタリア料理を守り続けようとする料理人はたくさんいました。そこで「エナルク会」を結成して本場の料理を守り続けようということになったのです。

ところがこのとき、本多の考えは少し違ったようです。

「本多さんはそういう意見に対しては批判的でした。かっこいいことを言っても、生きていくことはどういうことかわかっているのか？　店を守らなかったらこの世界で生きていけないんだといって、大衆に支持される料理をつくることを主張していました。オーナーがいる雇われシェフと、本多さんのように自分で自分の城をつくった人の違いかもしれません」

シェフ仲間の中にあって、本多は人一倍社交的で愛されたと鮎田さんは言います。

「本多さんは人の心をつかむのが上手なんです。ローマの妻の実家には、本多さんがくれた北海道土産の木彫りの熊の人形があります。細やかな神経を持った人でした」

1980年代に鮎田さんが開業しようとしていたときも、エナルク会の吉川さんや本多は物心両面で応援してくれました。

「とにかく食材を集めるのが大変だったし、お客様のつかみ方もわかりませんでした。そういうときはエナルク会の先輩がいろいろ教えてくれました」

時にはイタリア大使館の料理を手伝って、その地下にある食糧庫の在庫の豊富さに驚いたり、イタリア貿易振興会から新しい食材を手に入れたり。さまざまな苦心を重ねながら、鮎田さんは少しずつ本場の料理に近づけていったのです。

「本多さんは発想が違いました。ドレッシングなんかも自分で大量に仕込む。工場につくらせるとレシピが盗まれるからといって。なかなかできることではありません」

鮎田さんが本多の言葉で覚えているのは、「カナダに移住したい」。1985年、WDI（フランチャイズ会社）と契約寸前のころ、本多は鮎田さんに、「この契約をしたらカナダに移住したい」と言い、バンクーバーのヨットハーバーの写真を見せて、「いいだろう」としきりに言っていたそうです。

「その言葉を聞いてぼくは、ロマンがある人だなぁ。スケールの大きな北海道的な感性を持っている人だなぁと思ったものです」

その夢を胸に、本多はWDIとのフランチャイズ契約を結びます。日本で初めての、個人経営のレストランからのフランチャイズ契約——。

はたしてその契約の先に、本多の夢が実現する日は来たのでしょうか。

三浦静加さん〜カプリチョーザとともに築いた行列伝説

「本多さんは、公園通りの上にあった私の店に、開店前にひゅっと来てさっと買い物をしてすっと帰る。そんな『風のような人』という印象の人でした」

1980年代の若者たちのファッションシーンを席巻した「セーラーズ」の三浦静加社長は語ります。

三浦さんと本多は、お互い忙しくてじっくり話すことは少なかったはずです。けれどお互いにその存在は認めていました。片や「とんねるず」や「シブがき隊」、「おニャン子クラブ」といったアイドルたちがこぞって着る若者アパレルブランドのオーナー。こなたナベプロの歌手や俳優の地井武男さん、女優の真野響子さんたちに愛されるイタリアンレストランのシェフ。

ともにこの時代に話題となった「行列のできる店」として、それぞれの業界のトップランナーに君臨し、他の追随を許さない存在でした。

三浦さんはすでに書いたように、大勢のアイドルを連れてカプリチョーザにしばしば来店していました。

「若い子たちはモリモリ食べますが、その子たちでもカプリチョーザの大盛りを見ると『えっ！』と驚く。私はその表情が見たくて、見られると嬉しくて、若い芸能人たちを連れて行ったのです」

三浦社長率いる「セーラーズ」の全盛時代は、アイドルたちが芸能界の頂点を目指して駆け上がっていくときでもありました。

当初は西城秀樹さんがメイン司会を務めていた土曜日朝7時からの情報番組、「モーニングサラダ」。その番組に三浦さんの妹分の映画パーソナリティ襟川クロさんがセーラーズを着て出演していたことで、出演者の「シブがき隊」のモックンやフックンたちがセーラーズを気に入り、着始めたのがきっかけでした。

その後、同番組の前説（撮影開始前に観客を笑わせて和ませる役）をやっていた「とんねるず」や、「おニャン子クラブ」のメンバーが着始めて人気に火がつきます。

最盛期には店頭にあまりに行列が並びすぎて、「入店は一回40人、一人滞在15分、買い物は15万円まで」のルールをつくり、行列をさばいたとか。本多は毎日の売上を黒い医者鞄につめて家に持ち帰っていましたが、三浦社長は日々の売上を段ボールいっぱいに詰めて、夜にとりにくる銀行員に預けたとか。

飲食業とアパレル業で業界は違いますが、ともに「ビジネスに長けた」点も二人の共通点だったのでしょう。

三浦社長にとって、「損して得とれ」の精神からくる「大盛り伝説」の店カプリチョーザは、一種のロールモデル（憧れの存在）だったとか。

「あっ、こうやってビジネスを広げていくんだ。コストはかかっても、こうやって次のお客様を獲得していくんだ」

と、カプリチョーザの行列に並びながら思っていたそうです。

三浦さん自身、高校生のときに「自分で事業をしたい」と考え、19歳のときにジーパン店を開いて独立。独特のデザイン感覚を生かして次々とヒット商品を市場に生み出してきた人でしたから、「たたき上げ」の本多の感覚はよく理解できたのかもしれません。

三浦さんにとっては、カプリチョーザのフランチャイズ展開は予想外で驚きだったとか。

それ以上に「あるときから本多さんが厨房にいなくなった」ことの方がショックだったと言います。本多の病状を知らされないままに――。

今回、三浦さんのご自宅を訪ねてインタビューを行った翌日、さっそく三浦さんからメールをいただきました。

「久しぶりにカプリチョーザの味を思い出して食べたくなっちゃいました。近いうち一緒に行きませんか？　大盛りパスタ食べましょうよ」

三浦さんにとってもカプリチョーザは青春の味。セーラーズの行列伝説に直結する、思い出の味なのです。

第6章

チェーン展開という冒険

凄く美味しい行列の店があるぞ！

「渋谷に凄く美味しい行列の店がありますよ。繁盛しているから、行ってみてください」

アメリカの人気レストランチェーンを日本で展開するビジネスを始めていたWDI。そのスタッフがそんな言葉を聞いたのは、1984（昭和59）年ごろだったと言います。

当時はまだ学生だった、現社長の清水謙さんが言います。

「確か『週刊ホテルレストラン』誌を発行している太田進さんからの紹介だったと思います。その情報を聞いて、すぐにスタッフの何人かで交代に食べに行きました。食べてみると確かに美味しい。人気も凄い。それがカプリチョーザさんとの出合いでした」

WDIは1954（昭和29）年、清水洋二さん（現会長）の手で設立されました。当初は旅行代理業等を手がけていましたが、1972年にアメリカのファストフード、ケンタッキーフライドチキンが日本に上陸したことでフランチャイズビジネスを開始。1976年に「プレイボーイクラブトーキョー」、1979年「トニーローマ 三番町店」、1980

年「トニーローマハワイ店」、１９８３年「ハードロックカフェ 東京」と次々にフランチャイズ契約をして店をオープンし、アメリカの最先端の食文化を日本に紹介。１９８４年にカプリチョーザと出合うのです。

ところがカプリチョーザとのフランチャイズ交渉が曲者でした。それまで手がけてきたのは、いずれもアメリカで生れたある程度規模の大きなチェーン店。契約は、条件さえ整えばスムーズに進みます。

ところがカプリチョーザはもともと本多の個人店です。「多店舗展開」などという考えは全くありません。本多には「苦労してイタリアで学んだオリジナルな味」というプライドがありますから、それを人に教えるという発想はゼロでした。

しかも当時はまだ、「フランチャイズ」「チェーン店」などという言葉は一般的ではありませんでした。貿易会社の藤田商店社長、藤田田さんがアメリカで流行っていたハンバーガーのフランチャイズ店「マクドナルド」に着目して、フランチャイズ契約を結び第１号店を出店したのは１９７１年。アメリカ発祥のコンビニエンスストア「セブン‐イレブン」と日本の「ヨークセブン」が契約したのは１９７３年。第１号店は翌年、江東区に「豊洲店」としてオープンしています。企業が資本を投下して各地につくる「ファミリーレストラン」ですら、このころようやく世間に認知されるようになったばかりでした。

つまり未経験である「個人店との交渉」に臨んだＷＤＩと、チェーンなど全く知らない本多。お互いに「初体験」だったのですから、交渉はうまくいくはずがありません。

ＷＤＩのスタッフは、頭を抱えました。

創業シェフである本多に、どうやって「フランチャイズ展開、ＹＥＳ」と言わせるか？否、その前に本多にどうやって「フランチャイズの魅力を伝えるか？」。

とはいえこのころ、レストランの環境は明らかに「新時代」を迎えていました。

通産省（当時）の統計によると、１９７０年の全国の飲食店数は42万６０００店、それが毎年のように3万～5万店ずつ増えて、１９７６年には約61万６０００店にもなります。外食部門は約14兆円市場に膨れ上がり、「外食産業」が新語として世に広まりました。

家計に占める外食費も年々アップします。１９７０年には平均で一家一カ月あたり約２５００円、家計の３・３％だったのが、１９７６年には約６２００円、３・５％、１９７９年には約1万円、４・６％と跳ね上がります。

このころから日本は、現在のような「外食天国」となったのです。外食に対する贅沢感はなくなり、生活スタイルの中に定着したといっていいでしょう。

それまでWDIが展開する店舗は高級店か、大人の遊び場感覚の強い店舗でした。ファミリー層を意識した店舗が欲しい。そのためにはカプリチョーザはうってつけ。ぜひチェーン展開したい、というのが経営陣の思惑でした。清水社長が振り返ります。

「学生時代、私もカプリチョーザでは何度か食事をしました。当時の印象としては、情報通の人が通う店、感度のいい店という感じを持っていました」

——カプリチョーザを何とかチェーン展開できないものか！

WDIのスタッフは、清水洋二社長（当時）のもと、何度も本多にアタックします。ところが本多は、昼間はお客様が絶えず、話をしている暇はない。夜は22時まで営業で、それから片づけ等があって手が離せない。ようやく挨拶できて、「一度お話を」と切り出すと、「片づけが終わる午前1時過ぎに来てください」と言い出す始末。

——これは難攻不落だな。

そう覚悟を決めてWDIのスタッフがとったある作戦とは——。

ホテルをとって夜討ち朝駆け

ジャーナリズムの世界には「夜討ち朝駆け」という言葉があります。忙しい政府要人に記者が会うためには、深夜、自宅前で帰りを待って話を聞くか、朝、出勤で家を出るところを待ち伏せして車に同乗して話を聞くか——政界だけでなくスポーツ界でも、旬の選手を追いかけるときはこの方法を使います。

１９８４（昭和59）年当時、ＷＤＩのスタッフたちも、本多との交渉のために、まさに「夜討ち朝駆け」の姿勢で臨みました。

「仕事を終えた本多さんに会うために、スタッフは渋谷にホテルをとって、そこで仮眠してから就業後の本多さんを待つことにしたのです」

当時の交渉の様子を、現社長の清水謙さんが語ります。

このころＷＤＩでは、フランチャイズ展開する店舗を見つけるために、アメリカの西海岸に社員を送り込んで研修をさせていました。ところがアメリカの人気店を日本に持ってこようとしても、日本人の味覚に合わない。なかなかうまくいかない。ならば日本国内の繁盛店をチェーン化した方がいいのではないか？

そういう経緯があって、カプリチョーザに白羽の矢が立ったのです。

当時WDIの現場を預かっていた社員の泉正和さんたちは、一人一人ばらばらにカプリチョーザの行列に並び、何回も「試食」しました。確かに美味しい。これまでにないカジュアルなイタリアンだ。

――けれどこの味をチェーン展開できるのか？

それが現場を知る泉さんたちの正直な感想だったと言います。

なにしろ本多がつくるスパゲティもピッツァも、行くたびに量が違う。店内を見ていると、客によってもボリュームが異なる。厨房で麺や生地の量を秤で計っているそぶりはない。客によって食後にコーヒーが出たり出なかったりする――。

またよしんば本多と話ができ、「あなたの料理のノウハウを弊社で買いたいのです」と言っても、

「チェーン化？　そりゃ何のことだ？」と、とりつく島もない。

交渉の当初、本多には「この契約をすると苦労して育ててきたカプリチョーザが乗っ取られてしまうのではないか？」という不安があったのでしょう。疑心暗鬼な表情だったと泉さんは振り返ります。

とにかく本多の心を溶かすのが大変だった。交渉には時間がかかり、ついに1年を越えました。けれどＷＤＩのスタッフがホテルをとって夜中に何度も現れる姿を見て、だんだんと本多もその熱意を認めるようになりました。

「またきたのか？」

そう言って、就業後の店内に招き入れるようになったのです。

そんな交渉が何度か続いた末、

「じゃあ一度、君たちの会社の計画を書面で出してくれ」

ついに本多の心がほんの少し開いたのです。ＷＤＩのスタッフは小躍りして弁護士に頼み、契約書のたたき台をつくりました。

「でもそこからがまた大変でした」

泉さんが苦笑まじりに言います。

ある程度交渉が進んでも、厨房で料理のつくり方を観察するとレシピがない！　規定の分量というものがない！　食材の管理もあまりなされていない！　接客のマニュアルもない！　全てにおいてないないづくし。全ての情報やノウハウは本多の頭の中にある！

つまり契約が整えば、その頭の抽斗から全ての情報を取り出して、泉さんたちが整理して「文字化」してまとめなければならない。

「こりゃ大変な作業になるぞ」

泉さんたちは、そう覚悟したといいます。

契約前、泉さんはカプリチョーザのレシピを文字化するために、渋谷の本店に2回に分けて研修に入りました。1週間と10日間、計17日間かけて「本多の味覚のレシピ化、文字化」に挑んだのです。泉さんは京都の調理師学校を出て、すでにケンタッキーフライドチキンではチェーン化作業の経験がありました。こう振り返ります。

「フランチャイズ化にあたり、ケンタッキーはシステムを学べばよかった。けれどカプリチョーザは本多さんの『味覚』を学ばないといけない。それ以上に、本多さんの商売の考え方、思想も学ぶ必要がありました」

本多は常に、「商売はいかに稼ぐかだ！」と言っていました。泉さんたちにも、「店を綺麗にするのはいいけれど、儲からなかったら意味がない」と言い切った。

「この人は商売を真剣に考えている。この思想をフランチャイズ化できれば必ず成功する。そう思って、その言葉を聞いたときにぼくたちにも『やってやろうじゃないか！』とスイッチが入りました」

本多と泉さんの「格闘」は、ますます本格化していったのです。

下北沢に1号店開店！

ＷＤＩ現社長の清水謙さんは、当時の状況をこう語ります。

「ケンタッキーはレシピのとおりにやっていけばチェーン店でも同じ味になりました。ところがカプリチョーザの本多さんは全て目分量、手分量。本多さんは感覚の人だから、それをレシピ化するのにスタッフは相当苦労したようです」

当時カプリチョーザを担当した泉さんは、契約前後の社内での報告で、

「本多さんについて研修しても、その日によって言っていることが変わる、食材が変わる、忙しいと質問しても答えてくれない、厨房にいても料理の食材を用意しながらメモをとらないといけない」

と、泣き言を並べていたようです。厨房では本多とともに、カプリチョーザに並ぶ行列をさばきながら調理しつつレシピをメモしないといけなかったのですから、それもやむなし。本多の調理のスピードについていくのは大変な作業だったはずです。

「調味料は？」

「少々」

「えっ？　少々って何グラムですか？」

「適当」

　そういう会話を何度も繰り返しながら、泉さんは本多の手元を見ながら「少々」という言葉を「何グラム」という数字に変えていきました。

　このとき助かったのは、「イタリアンは料理にムラがあっていい」という、本多の料理の特徴だったかもしれません。六本木の超人気店「ヂーノ」のシェフで、イタリア料理界での本多の後輩にあたる佐竹さんがこう言っていたことがあります。

「イタリアで修業中、ラザニアをつくるときに生地を綺麗に四角につくって、トマトソースやベシャメルソース、具材を綺麗に盛って並べたら教授に怒られました。これでは一人で10口食べても全部同じ味になってしまうだろって。もっと料理にムラをつくっていい。その方がソース、チーズ、生地の素材の味が引き立つ。理性を伴ってムラをつくるのがイタリア料理だと言われたんです」

あるいはこんなことも学んだと言います。

「毎日食べる料理をつくるためには、一味抜くことも大切なんです。日清食品の安藤宏基社長は、試食品で『うまい』と思うと『一味抜け』と指示する。つまり100点の料理は毎日は食べられない。一味抜いて90点、95点の料理の方が『明日も食べたい』と思うイタリアのマンマの料理になる。たとえば――」

イタリアのマンマ（お母さん）は、ミネストローネをつくるときでも鍋の上でジャガイモを切る。まな板なんて使わない。その方が煮崩れして野菜の味がスープに全て出て、次の日に美味しくなる。煮るときにレストランのように鶏のブイヨンなんて使わない。美味しさが「過剰」になってしまう。水で煮た方が野菜の旨みが全てスープに出て、次の日がさらに美味しくなる。

そういうイタリア料理が持つ「庶民性」、「即興性」、「いい意味のいい加減さ」が、カプリチョーザの特徴でもあったのです。

だからレシピも厳密に数字にこだわるのではなくて、本多の「感性」、「料理への感覚」を伝えられればいい。

もちろんそれは難しいことなのですが、数字にこだわりすぎる必要はない。泉さんはそう頭を切り換えて、この作業に臨みました。

そして1985年6月18日、ついにWDI清水洋二社長（当時）と本多がフランチャイズ契約の調印式に臨みます。本多はこの日も純白のコック服姿。きっと厨房から急いで駆けつけたのでしょう。集まった記者の質問に答えて、こう答えています。

「カプリチョーザを足かけ7年展開しているが、これまで利潤を追求せず、好きな味を好きなように売ってきた。イタリア料理は大勢でにぎやかに楽しく食べるものであるが、一人前の量は多く、またその日に仕込んだものをその日に売るという姿勢を取っている。味はもちろん、基本姿勢を崩さないというお話なのでWDIと契約した。またFC展開は単に店を増やすのではなく、コックの人が技術を習得してもらうのも目的の一つとしている」

当時を振り返って、現社長の清水謙さんが言います。

「カプリチョーザさんとの契約は、他の店よりも多くの店舗数での展開を狙ったのは確かです。15店舗から20店舗くらいにはなると思っていたのではないでしょうか。でもまさか100店舗以上にまで増えるとは、当時の経営陣も思っていなかったはずです。下北沢に

1号店をつくるとすぐに大ヒット。吉祥寺に2号店、四谷に3号店、自由が丘に4号店と出していきましたが、いずれもすぐに行列の店となりました」

このときWDIの立地戦略は「AエリアのB立地戦略」。エリアとしては東京の下北沢、吉祥寺、四谷、自由が丘といった若者の集まるファッション性の高い人気エリアを選ぶのですが、その中ではあえて少し奥まったビルであるとかビルの地下、2階、3階といった「B立地」を選ぶ。家賃が安く、隠れ家感のある立地条件――。それがカプリチョーザを支持する若者たちにウケると踏んだのです。さらに泉さんは、こうも言います。

「チラシは周囲の美容院に集中的にまきました。美容院で働く子たちが来てくれれば、自然に口コミが広がりますし、ファッション性の高い若者たちが集まりますから」

下北沢の1号店のチラシには、「あのカプリチョーザが下北沢にOPEN!」、「ボリュームは驚きのパーティーサイズ」、「うまさの秘密はイタリア直輸入のトマトベース」といった、カプリチョーザの「強み」が列記されています。

こうしてカプリチョーザのフランチャイズ化は、順調なスタートを切りました。

アメリカの豊穣な食文化を日本へ～WDI誕生

「ダイニングカルチャーで世界をつなぐ」

カプリチョーザのフランチャイズ展開を手がけるWDIは、そのコンセプトで1972年から45年以上、国内と海外10カ国以上で活動を展開してきました。

創業時のエピソードを、現社長の清水謙さんはこう語ります。

「我が家は祖父から私まで3代続いた慶応義塾大学の水球部の出身です。特に父は1960年のローマオリンピックと1964年の東京オリンピックの二度、オリンピックに出場しました。9年間日本代表選手として活躍したので、海外遠征も多かった。そういう中で、欧米の食文化に触れる機会が多かったのです」

欧米の食文化はなんて豊かなんだ――、清水洋二さん（現会長）は、海外遠征のたびにそう感じていたとか。当時日本はまだ戦後の傷跡から脱しきれていませんでしたから、余計に欧米の豊かさに憧れたのでしょう。

日本経済全体が必死で欧米に追いつこうとしていた時代、１９５０年代の復興期から60年代の高度経済成長期。洋二さんは若い感性とスポーツマンの逞しい「胃袋」で、欧米の食文化を貪欲に吸収していきました。

慶應義塾大学を卒業すると、東急不動産へ。社長直轄の「経営企画室」に配属されて、戦後の都市の復興計画に携わりました。

けれど実業がやりたいという思いから、やがて家業を継ぎＷＤＩに戻り旅行代理業を開始。カリフォルニアの会社と業務提携する形でビジネスを展開します。

度重なるアメリカ出張の中で、洋二さんが着目したのはレストランの「チェーンオペレーション・システム」。複数店舗、多店舗を運営するチェーンシステムというものの素晴らしさに目を見張り、まもなく日本でも流行るだろうと予測したのです。

やがて１９７０年、世界で最初にフランチャイズビジネスを展開したケンタッキーフライドチキンが、三菱商事と契約して日本にも上陸。大阪万博で実験店を出店して大衆への認知を図り、同年11月に名古屋市内で1号店を出店して全国展開を始めます。

ＷＤＩとケンタッキーフライドチキンの契約は１９７２年。若者の街六本木にＷＤＩとしての1号店を開店し、以降10店舗を開店させます（現在は店舗はなし）。

ＷＤＩはそこから外食産業に入っていくのです。

ちなみに洋二さんは、東京・飯倉にある老舗イタリアンレストラン「キャンティ」のオーナー川添象郎さんと学生時代の同級生。「キャンティ」は当時の若手芸能人や海外からやってきたスター、あるいはカーレーサーや文化人が集う「サロン」として名を馳せていました。洋二さんは違うスタイルで欧米の食文化、ポップカルチャーを広めたいと狙ったのかもしれません。

１９７０年代初めは、期せずして「マクドナルド」、「ミスタードーナツ」、ファミリーレストランの「すかいらーく」などが営業を開始します。日本にチェーン店文化が浸透した時代であり、外食産業が身近になるスタートの年でもあったのです。

その中にあって、カプリチョーザはどんな位置づけだったのか。ＷＤＩの歴史を綴った書籍『六本木発ワールド・ダイニング』（日経ＢＰコンサルティング）の中で、著者の源川暢子さんは当時のカプリチョーザの印象をこう書いています。

「カジュアルイタリアンという言葉が浸透する以前の１９８０年代後半、嫌いな行列に渋々並んでようやく店内に入る。すると『本場のトラットリアはきっとこんな雰囲気に違いない』と思わせる賑やかで生き生きとした空間。行列のマイナスイメージは一気に吹き飛んで期待感が膨らむ」

大皿盛りで提供される熱々のトマトとニンニクのスパゲティ、いまではイタリア料理の定番になったライスコロッケ、「まさに本能に訴えかける味だった」とか。

現在のＷＤＩにとっても、フランチャイズ契約する全22レストラン、１９８店舗（海外39店舗）の中で、カプリチョーザは断トツの１２１店舗（海外18店舗）を展開。圧倒的な人気を誇っています。

清水謙社長も言います。

「カプリチョーザはカジュアルイタリアンのはしりであり、現在でもトップランナーです。他の業態ではお客様の入りが悪くても、カプリチョーザに変えると安定する。お年寄りから若者、子どもまで、みなさんに愛されるブランドなのです」

一匹狼・本多の味の秘密

カプリチョーザとの契約から約2カ月後、下北沢の南口に1号店がオープンしました。

「本多さんは契約するまでは冷たいイメージでしたが、いざ契約して私たちとタッグを組み始めると、すごく親しくしてくれました。一度信用すると心を開くタイプ。業界の一匹狼に多い性格だったと思います」

自由が丘に開く4号店くらいまでは、厨房の先頭に立って本多と「ともに闘った」WDIの泉さんが言います。

泉さんは契約前のカプリチョーザ店内での「研修」のときや、下北沢店の閉店後に渋谷の本店にやってきて、本多の仕事を凝視し続けました。その中で、カプリチョーザのある「秘密」に気付いたと言います。

「本店の鍋やフライパンは、連日あまりに大量の調理をしていますから、洗っても洗っても油でぎとぎと。冷蔵庫の中には古い食材も入っていたりもしました。いまの飲食店ではそんなことはできませんが、そういう道具や食材を使ってできる味には独特なものがある。フライパンの焦げ目から滲み出る味もあるんです。繁盛店、行列の店だからこそ生れる『秘伝の味』。それこそが本多さんの味なんだと思いました」

鰻屋さんの秘伝のタレの味と同じですよ――。すでに現役を引退している泉さんは、インタビューに答えて懐かしそうにそう話してくれました。

下北沢1号店の開店の日、その「秘伝の味」を知り尽くしたカプリチョーザの長年のファンたちは、大きな花束や飲み物のお土産を持ってやってきてくれました。それもまた、昨今のチェーン店の開店ではお目にかかれない光景です。

ファンにとってもチェーン展開は、「並ばなくてもあの味が身近で食べられる、綺麗で快適な店で食べられる、仲間と大勢でワイワイ食べられる」と、いいことずくめ。開店初日から大勢のファンで賑わったのも道理です。泉さんが振り返ります。

「下北沢店は席数約50。11時の開店からすぐにどっかーんと満席になって、22時30分の閉店まで連日4、5回転はしたと思います。下北沢は渋谷から井の頭線で一本だし、以前からの本店のファンも多かったのでしょう」

午前中の仕込みから昼の営業、午後の仕込みを経て夜の営業、そして片づけまで。深夜0時になってようやく解放されるような激務に、泉さんは一週間で1キロ、一カ月で6キロも痩せたとか。本店での野網さんの「激痩せ」がうつったような状態です。

本店でも客席には芸能人がしばしば座りましたが、下北沢でも俳優の平幹二朗さんやキャンディーズの蘭ちゃん、演出家兼役者の渡辺えり子さんたちがしばしば見えたとか。慶応義塾大学のラグビー部の面々もコアなファンで、大盛りのスパゲティをモリモリ食べていたそうです。

この人気で下北沢店は、開店一カ月後には利益が出るようになり、一年後には黒字も達成。売上の15％が純利益となり、「めちゃくちゃな稼ぎ頭」に。この店はＷＤＩの直営店舗でしたから、ＷＤＩとしても幸先のいいスタートになったのです。

泉さんは厨房での陣頭指揮から離れると、その後はＷＤＩのもとで、フランチャイズ契約したいというオーナーの交渉係となりました。「毎月一店舗くらいのペースで新店を開店させていた」と言います。フランチャイズ契約の交渉だけでなく、不動産物件の契約交渉にもあたったのです。

「爆発的なブームでしたから、カプリチョーザに惚れているオーナーが『うちも開店したい、フランチャイジーになりたい』とひっきりなしにやってきました。でも条件が整わなかったら契約はできません。『ちゃんと店舗設計をやらなかったら契約しない』といって、いい加減なオーナーとは契約しませんでした」

オープンしても、契約どおりに運営しなかったり店舗にお金をかけなかったりするオーナーには「辞めてもらったこともある」とか。中にはカプリチョーザに惚れ込むあまり「フランチャイズ契約を10年待って、ようやくオーナーになれたケースもあった」と言いますから、全国的なその人気がわかります。

そうやって、カプリチョーザのフランチャイズ１００号店ができるまでに、10年かからなかったという「事実」。もちろん泉さんやスタッフの力もありますが、それこそが、本多の「秘伝の味」の力を何よりも雄弁に示しています。

１００店超のチェーン店の「手づくりオペレーション」

下北沢や吉祥寺でのチェーン展開が始まってからも、カプリチョーザではランチは白身フライの定食や、カレー、ハンバーグ、ロールキャベツといった本店と同じメニューが提供されていました。

泉さんたちは前日のアイドルタイム（ランチのあとから夜の営業の前）などにそうした食材を仕込み、翌日のランチ営業に備えたのです。下北沢店のスタッフは、ＷＤＩの社員３、４人にアルバイトが計20名前後。もちろん社員にしても調理経験はそれほどなかったはずですし、アルバイトスタッフにはレストラン未経験の若者も含まれます。

昼はパスタは出さない、という本多の経営方針を引き継ぎ、これだけのスタッフで仕込みから昼、夜のセッションを乗り切りました。やがてランチの別メニューでの営業はあまりに負担がかかりすぎるということで、昼夜同一メニューに変わります。店舗数が増えるに連れて、全店舗での規格統一が課題になっていったのです。泉さんが言います。

「パスタを一人前300グラムでいこうという方針は、僕が決めました。本店では鷲づかみパスタでしたが、フランチャイズではグラムで決めないと、全店同一規格になりませんから」

それでもチラシには「パーティーサイズ」と謳われていたのですから、本店のパスタのボリュームがわかろうというものです。

スパゲティのソースは各店舗で仕込みますが、ドレッシングは毎週一度本店から各店舗に運ばれてきていました。チェーン店ではそのレシピは「ブラックボックス」。本多以外はその配合はわかりません。

「毎週日曜日の午後、本多さんは休業日の本店にやってきて、大きな寸胴鍋を用意してドレッシングを仕込んでいました」

と、カプリチョーザの創業時からの社員、野網さんは言います。本多は大きな寸胴鍋につくったドレッシングを20リットルのポリタンクに分けて、それを月曜日の午前中にＷＤＩの社員が各店舗に配るのです。

「そういう意味では、チェーンオペレーションが始まってからも、カプリチョーザでは手づくりオペレーションが続いていました」

と泉さんは振り返ります。

普通、100店舗にまでなるチェーン店では、セントラルキッチンが用意され、ソースやドレッシングのような調味料はスタッフや他社の手で一元調理されるものです。ところが本多は、それを嫌って全ての味を自分でコントロールした。それがWDIとの契約に際しての「約束」だったといいます。

現在、「パスタの神様」と呼ばれる高橋圭夫さんは、フランチャイズ契約をする前の本多に会っています。そのときの要件は、「スパゲティのソースをOEM（カプリチョーザ・ブランドでの生産）してくれないか？」というもの。本多も秘伝のレシピを他社に生産委託することも考えていたようです。

このときは調味料の使い方の理由で契約には至りませんでした。本多も自分でソースをつくることを選んだのです。泉さんが振り返ります。

「ある時、本多さんがドレッシングをつくりながら珍しく包丁で指を切ったことがありました。あまりに激務で疲れていたからでしょう。そのころからソースは生産委託するようになった。フランチャイズ店舗が増えるに連れて、本多さん一人では回りきらなくなりました」

イカとツナのサラダを頬張ったときの、口の中いっぱいに広がるピンク色のすっぱいドレッシングの爽やかな酸味。そのレシピを守りながら、チェーン展開が始まってかなりたってから、カプリチョーザは生産委託することを決断しました。

とはいえいまもカプリチョーザでは、野菜やイカ等はフレッシュな状態で丸のまま厨房に届き、コックが洗って切って調理してお客様にお出しします。ライスコロッケも厨房でコックが丸めて揚げるし、ピッツァも粉をミキサーで捏ねて生地をつくり、発酵させて具材をのせて焼き上げる。スパゲティのソースも、オーダーが入ってから一つずつつくるし、カルボナーラはベーコンを炒めて生クリームと卵を絡める――。

「手づくりオペレーションの伝統」は、今日でも生きているのです。

「100店舗を越えた『手づくりチェーン店』をつくったのがぼくの誇りです。そのチェーン展開が30年を超えて続いているのは奇跡といっていい」

と、泉さんは胸を張ります。それを死守した理由は、「カプリチョーザは本多さんの思いの伝承だから」――。

泉さんもまた、カプリチョーザと本多征昭に「惚れた」一人だったのです。

第7章

本多征昭物語、その3
～早すぎる旅立ち

チェーン店を勉強したい。妻と娘、親族への思い

ある日東京本郷にある柴田書店、「月刊専門料理」の編集部にいた記者の菅沼淳江さんあてに、本多から電話がかかってきたことがありました。

「菅沼さん、ぼく丸坊主になっちゃったよ」

つい数カ月前、菅沼はカプリチョーザに行って食事をして、本多の元気な姿をみたばかり。菅沼さんは「丸坊主」の意味がわからず、

「何か悪いことでもしたの？」

とからかったといいます。罰ゲームで髪を切られたのかと思ったのです。

すると本多は、「いや、ここはねぇ、無菌室なんだよ」。

それでも菅沼さんは事態が飲み込めずに、

「カプリチョーザ（気まぐれ女）に悪さされたんじゃないの？」

と、冗談を言い続けました。

この日はそれで電話は切れたものの、翌々日にまた電話がかかってきます。菅沼さんは再び「無菌室で寂しいの？」と笑いながら話しかけましたが、今度は本多が、

「いやちょっとね。おれ、あんまりいい病気じゃないみたいなんだ」

と言いだしました。

その数年前、菅沼さんは本多からこんなことを頼まれました。

「将来もかみさんと娘が困らないように、フランチャイズ契約をしようと思っているんだ。そういうときにどうしたらいいか、契約にはどんな注意が必要か。柴田書店さんならいろいろな本が出ているだろうから、おれに送ってほしい」

そのときは何冊かの本を送ったのですが、その数年後にかかってきた本多からの深刻な電話――、そのときのことを菅沼さんはこう振り返ります。

「そこまで聞けば私も事態を飲み込めました。でも病院名は聞かなかった。いまでも本多さんが入院した病院は知らないし、彼は病名もいいませんでした」

当時本多は40代前半。病院にいるとは聞いていても、まさか命にかかわるような病状だとは思わなかった――。

菅沼さんはそう言います。

この会話の状況を振り返ると、本多がフランチャイズ関係の本を頼んだのはＷＤＩと契約を交わす前後ですから１９８４年か85年のこと。それ以前からフランチャイズ契約について本多がとある会社から猛烈にアプローチされていて、どうしようかと悩んでいることは菅沼さんも知っていました。その決断をしたというのであれば、「よほどの覚悟なんだろうな」と菅沼さんは思ったとか。

無菌室からの電話は87年か88年の春ごろのことでしょうか。

菅沼さんにはにわかに信じられない本多の言葉でした。

それ以前にも本多は、料理の撮影の合間などに菅沼さんといろいろ話すこともあったそうです。その中には、１９７２年に結婚した妻・惠子のこともしばしば登場していたといいます。

「惠子は20歳くらいで結婚しちゃってすぐに理奈が生れたから、早く仕事から解放してやりたいんだ。もっと習い事とかいろいろやりたいはずだから。苦労もかけたし」

としみじみ語ることもあったとか。

「奥様のことは凄く愛されていたと思います」と、菅沼さんは語ります。

ところがその恵子にも、このころとある不吉な現象がありました。

「毎週日曜日の朝になると、夫は微熱が出るんです。左胸も痛いと言います。一週間の激務から熱と痛みが出るのかと思っていましたが、あまりに毎週続くので不吉な予感がしていました」

時は1985年ごろのこと。一方でWDIとの契約話は進み、他方では相変わらず本店での行列も途切れない。本多の奮闘は続いていました。

本多の一人娘、理奈は1974年の生れで当時11歳。日曜日は本多と一緒に店にやってきて、仕込みをする本多の脇で遊んだりしていました。

本多はあまりに仕事が忙しく、定休日以外に連休をとるということも難しかったため、家族で遠出をする習慣もありませんでした。

ところが1986年のゴールデン・ウイークのこと。本多は珍しく店を何日か休み、札幌から両親と妹家族を呼び寄せて、小学校6年生だった理奈と妻も連れて東京ディズニーランドに出かけました。妹のあや子は振り返ります。

「あのときは本当に楽しかったです。兄は店を休んでくれて、ディズニーランドだけではなくて夜は中華の周富徳さんの店にも連れて行ってくれました。子どもにはセーラーズのTシャツも買ってくれたし、もちろんカプリチョーザでもスパゲティ、ツナのサラダ、ブイヤベースなどもつくってくれました。本当に美味しい料理でした」

よもやそれが兄妹両親家族との最後の旅になるとは。

あるいは本多は、自分の身体に何か異変を感じていたのでしょうか?

このころ本多の身体は、すでに病魔に蝕まれていたのです。

1987年、ゴールデン・ウイーク明けの異変

「1987年のゴールデン・ウイーク明けに、ぼくは喉が痛くもないのに声が全く出なくなっちゃったんです」

野網さんが振り返ります。

すると不思議なことに、野網さんの喉の調子が戻ると、今度は本多の声が出なくなってしまったのです。このときは不調を訴える本多に対して、店を訪れた常連客の勝又さんは、「油とか、体に悪いものを吸いすぎたんじゃないの？」

とからかった記憶があると言います。

そうでなくても本多は、激務の中でも一日2、3箱のタバコを吸う「チェーンスモーカー」でした。仕事中でもタバコが口から離れない。体調が悪いと聞けば誰もが「タバコをやめなよ」と忠告するのですが、一向にやめる気配はありません。

妻の惠子が振り返ります。

「あの前後に風邪をひいたと言うので、国立第二病院（当時）で検査を受けさせたんです。その時は風邪だと言って、レントゲンも撮らずに風邪薬だけ貰ってきました。ところがその薬を飲んでも全然よくならない。咳は止まらない。これはおかしいと言って、今度は国立医療センターに連れて行きました」

そこで初めて肺のレントゲンを撮影。それだけでは診察結果が出せないということで、内視鏡の精密検査が必要だと言われる——。

「ところがこの検査まで3カ月待ちだと言われたんです。本人は苦しがっているのにそんなには待てないと困っていたら、お客様の中に東京女子医科大学病院の事務局に勤めている人がいて、すぐにCT検査が受けられるように紹介してくれたんです。それで一カ月もたたないうちに女子医大に検査に行きました」

すると内視鏡検査から、肺の細胞を採取される精密検査等、肺から細胞をとり出す痛い検査が続きました。

「その結果は私にも知らされませんでした。当時は本人や家族には病名は告知されないシステムでした。我が家では先生から私の父に診断結果が伝えられたのです」

医師の診断を聞いた父は、病室から出てくると惠子や家族に対して深刻な表情で、

「これはよくないなぁ」

と言葉を濁したといいます。惠子が医師に病名を聞くと、「肺に水がたまった肺膿瘍です」とのこと。

惠子は「その病名を聞いて、よかった。ガンでなくて」と胸をなで下ろしました。

ところが父はすでに医師から「余命1年もないでしょう」と宣告されていたのです。ガンは肺の細かな細胞まで蝕んでいて、手術もできない状況でした。

数日後。不安な惠子が実家に電話を入れて、母との会話で、

「お母さん、よかった。征昭さんは肺膿瘍だって先生が言うのよ。肺ガンじゃなくてよかったわ」

するど母親が、ほっとした口調で
「それはよかった～。お父さんがお医者さんから『征昭さんは肺ガンだ』と言われたというから、心配していたのよ」

と言うではないですか。

――夫は肺ガンなんだ。

母の言葉にぴんときた惠子は、頭をこん棒で殴られたようなショックを受けました。

実は惠子も、うすうす本多の症状が深刻なことはわかっていました。

入院中に病院で髪を洗ってやると、四谷怪談のお岩さんのようにばっさりと髪が抜ける。抜けるときに本多は猛烈に痛がる。呼吸も苦しいままで、胸の痛みも消えない。

――これは肺膿瘍よりも深刻な病気なんじゃないか？

惠子の不安は日増しに募ります。医師団も、この状態では惠子や親族に本当の病状を伝えるしかないと覚悟して、ある日、本多の両親と惠子の両親も含めて病室に呼び、症状を説明してくれました。

「この状態では手術もできません。交通事故にあったと思って諦めてください。今後は抗ガン剤でガンを小さくしていくしかありません。手術で切ると、逆にガンがあちこちに飛び散って、さらに末期的になります。放射線と抗ガン剤で治療していきましょう」

それが本多への、最終宣告だったのです。

本多との最後の会話

「1987年の秋だったかな。ある日たまたまカプリチョーザに電話したんです。そしたらスタッフが、今日は本多さんもいますっていうから会いに行って。女房と2人で『病院はどうだったの？　体調はどうなの？』なんて会話を交わしました」

常連客の勝又さんが言います。

勝又さんの問いかけに、本多は、

「うーん、大変な目にあったよ」

と、病状や治療のことは詳しくは言わずに、ただ苦笑していたとか。

1987年の秋に一度入院した本多は、3カ月に渡る抗ガン剤による治療の末に、12月に一度退院しました。入院中は厨房にスタッフの姿しか見えなかったので、常連客の中には心配していた人もいたでしょう。とはいえ退院後は、本多は時折店にも来ていましたから、何も知らないお客様にとっては普段とは変わらない態度だったはずです。

変化があったといえば、タバコをやめたこと。この間の経緯を、惠子が語ります。

「フランチャイズ契約の件でＷＤＩさんと会議になるじゃないですか。すると向こうの人たちはほとんどタバコを吸わないんです。会議室で本多の前にだけ灰皿が置かれるので、本多も『おれもうタバコやめた』と言って、本当にやめたんです」

その前後、野網さんの記憶では、

「店では以前はマルボロのヘビーなタバコを吸っていました。ところがいつからかラッキーストライクに変わった。量もずいぶん減りました」

どうやらこのころ本多は、家では完全に禁煙して、店でだけ軽いタバコを少量吸っていたようです。惠子は、

「吸わなくなったらみるみる顔が白くなりました。前はヤニで黒かったのかな？」

と冗談まじりに語ります。

野網さんはこのころから、「本多さんは具合が悪いのを自覚しているからタバコに変化があったんだろう」と気付いていたとか。タバコも吸いたくない、吸えないような体調だったのかもしれません。

「本多さんは本当に働きっぱなしだったからね」

勝又さんが振り返ります。

「日曜日に通りがかって店を覗くと、本多さんがデザートのケーキをつくっていたことがありました。イチゴのショートケーキだったかなぁ。スポンジを焼いているから、そこまで本多さんがやってるの？　と驚いた。ウイークデーは休まず働いて、日曜日も仕込みをやっている。働きすぎだよと思った記憶があります」

常連客の中には、このケーキのファンが多かった。食事のあとで「持って帰りたい」と言い出して、店には箱の用意もないのに無理やり持って帰る人もいたとか。

お客様からの「美味しかった」、「また来たい」、「また食べたい」の声が何よりの喜びだった本多は、一度目の退院のあとも店とお客様のことを気にしていました。

店に出ることが何よりの治療であると思っていたのか――。

このころの本多の姿を、何人かが「目撃」しています。

「スタジオジェニファー」オープンパーティー

「１９８７年ころ、柴田書店の『月刊専門料理』にいらしたカメラマンの早川哲さんが独立されて、水道橋の三崎町のあたりにスタジオを開かれました。確か『スタジオジェニファー』だったかな？　そのオープニングパーティーで初めて本多さんと出会いました」

六本木の「ヂーノ」で一世を風靡したシェフ、佐竹弘さんが語ります。

「ぼくはあんまり社交的ではないので、めったにそういうところには行かないのですが、その日はなぜか足を運んだんです。そしたら『カピトリーノ』の吉川さんがいて、『おお佐竹くん、今日は本多くんが来ているよ』って教えてくれた。それで挨拶できたんですが、それが本多さんとの初対面、そして最後の――」

佐竹さんにとって、本多は「イタリア料理をやるきっかけをつくってくれた人」。ある意味で憧れの人でもありました。

とはいえ、こう続けます。

「でも本多さんがカプリチョーザでやっていた料理は、ぼくが目指す料理ではないんです。料理では、吉川さんの方がイタリア人よりもイタリア料理らしい料理をつくっていた。ところが吉川さんはイタリア人のいい加減さがない。この食材がないから、これでつくっちゃえと陽気に振る舞うのがイタリア人なんだけど、吉川さんにはそれがない。イタリア人以上のイタリア料理を作る人でした」

一方で本多は、カプリチョーザでは「これはイタリア料理ではないよ」と嘯きながら、連日行列が途切れない店をつくっている。だから佐竹さんは、「ぼくにとって吉川さんと本多さんは、イタリア料理界の両雄です」と言い切ります。

「吉川さんの前に出ると、ぼくは吉川さんの何分の1かでもイタリア料理を学んだんだろうか？　と自問し、本多さんのことを考えると、自分の料理をどうビジネス化するか、と考えていました」

その本多と初めて対面した日。佐竹さんが「はじめまして、佐竹です」と緊張して挨拶すると、いつものようにラフなシャツに帽子を被った本多は、

「ああ佐竹くんね、知ってるよ。頑張ってるそうじゃないか。君のことは聞いていたよ」

と気さくに応えてくれた。その言葉が嬉しくて嬉しくて、その後佐竹さんは、まるで少年のように自分の来歴を語ったといいます。

――大阪万博のイタリア館のピッツァの写真を中学生のときに雑誌で見ました。そこで今までに見たことのないトロトロチーズの食べ物に憧れて。あれは本多さんの料理だったはずです。料理修業を始めてからは、やはり雑誌で見た本多さんのトマト煮に憧れて。だから今日のぼくがあるのは、本多さんのお蔭なんです。

このときを佐竹さんが振り返ります。

「でも本多さんの手にはタバコがあった。そのことはなぜか覚えています。いまから思えば肺の病気だったんだから、タバコは駄目でしたよね」

そしてその日から約一カ月後。

本多の最後を知らせる電話が、吉川さんからかかってくることになります。

雇われシェフだった佐竹さんは営業を抜けるわけにいかず、ランチのセッションを終えた後、気付いたら一人六本木「キャンティ」の1階のトイレで泣き崩れていた――。

葬儀、1988年7月21日、目黒区碑文谷圓融寺

別れは突然にやってきた。

1988年7月21日午後4時55分。カプリチョーザが開店する午後5時直前。東京・新宿区の東京女子医大病院で、本多征昭は肺ガンのために息を引き取った。病室には札幌から来た本多の両親と、恵子たちが集まっていた。本多は母フテの腕に抱かれながら、最後の呼吸を終えた。その瞬間恵子は腰が抜け、立ち上がることができなかった。娘の理奈は半狂乱状態で、看護師から鎮静剤を二度も注射されるほどだった。

本多が発病してから、フテは札幌から何度も日帰りで見舞いにやってきた。

妹のあや子が言う。

「当時母は店をやっていましたから、朝5時ごろに市場に行って食材を仕入れてそれを店に並べます。並べ終えると『これで全部並べた』と言って、突然『わしはこれから東京に行ってくるから』と言って出かけていくんです。突然言い出して、さっと出かけていく。恵

子さんから病気のことを聞いて以来、母は泣いて泣いて、征昭どうだべ？　征昭どうなる？　心配だ心配だと言ってじっとしておられない。数えきれないくらい東京にお見舞いに出かけていきました」

フテは飛行機を降りると、羽田空港か東京駅あたりからタクシーで新宿の東京女子医大病院に向かう。病院は当時のフジテレビの近く、細い道が錯綜する場所にあった。往々にして、運転手の選ぶルートによって料金が異なる。高額を言われると「田舎もんだからといって馬鹿にして」とフテは文句を言い、料金を値切るのが常だった。

本多の病室には、あや子が折った千羽鶴がかけられていた。普段から兄妹仲のいい本多はそれを見て、「あや子らしいな」と言って喜んだ。

病院に見舞ったのは限られた人だけだった。ＷＤＩの泉は一度、病室を訪ねている。

「病室に入ると、本多さんはひと目でモルヒネで意識が朦朧としていることがわかりました。入院したときにガンだと聞いていましたから、何を言っていいのかもわからない。『大丈夫ですか？』なんて、あとから考えたらとんちんかんなことを言っていました」

本多は幻影を見て、「いま誰か入ってきたな」と言ったりする。「恵子さんも大変だな」

と思いながら、泉は病室を辞するしかなかった。

――本多さんが元気なうちに、フランチャイズ契約をとりまとめておいてよかった。

泉は心からそう思った。新店は次々と誕生している。そのたびにどっかんどっかん派手な爆発音が鳴るかのように、店はお客様で溢れた。あれこれ煩わしい些事やトラブルはあったが、カプリチョーザのファンは増え続け、本多の料理は愛され続けている。泉には働き甲斐のある日々だった。

本多が一時退院して帰宅していたとき、見舞いに駆けつけたのは和歌山からやってきた志賀平和だった。

「抗ガン剤で毛が抜けたけれど、少し生えてきたよ」

本多はそう言って少し笑った。その姿は、志賀の目には思ったよりも元気そうに見えた。

「退院してきた日にはみんなでどこそこへ行って――」と、本多は終始楽しそうに長時間語っていた。

志賀が和歌山へ帰って数日後、「本多がまた入院した」という知らせが入った。それは志賀が訪ねた翌日だったと言う。

――ぼくと長時間話したのがいけなかったか。

志賀には痛恨の思い出となった。

※

葬儀の日は暑かった。誰もが汗を拭いながらの参列。碑文谷の圓融寺には、約300人を超える人々が集まった。イタリア料理界からは、吉川、佐竹、片岡、室井克義（「ホテル西洋銀座」）、さらに早川（カメラマン）、ファンの勝又といった面々が顔を揃えた。泉は下北沢店のオペレーションが忙しく、通夜にしか顔を出せなかった。

店の常連客としては地井武男、柴俊夫、真野響子など芸能人の顔も見えた。その他にWDI関係者や業者もいたが、多くは惠子の知らない、店にやってくるファンたちだった。深い悲しみの中で、惠子はしみじみと本多の人気を感じていた。

式は淡々と進んだ。読経の中、約300人の焼香が延々と続く。

最後に柩に釘を打つ前、本多の顔を一目見るために多くの参列者が柩を取り囲んだ。

会場の隅にいた片岡と室井は柩の方に歩み寄る。佐竹と吉川は、なんとなくそれができずにその場に佇んだ。

佐竹が振り返る。

「あのときは柩にすがるようにお嬢さんが泣いていて、奥さんはこれからどうするんだろうという現実的な不安もあった。なかなか近づけませんでした。それにたった一度会っただけの本多さんの記憶を、柩の中の表情にしたくなかった。早川さんのパーティーでの、元気な姿で覚えておきたかった」

佐竹が記憶しているのは、葬儀での誰かの挨拶だ。

「スーツを着た人が、『これからのカプリチョーザを発展させるために』って、延々挨拶をされたんです。世間の常識としてはそれでいいんだけど、ぼくは料理人としていやだった。本多さんが亡くなったらカプリチョーザは閉めてくれよって思った。本多さんの料理じゃないわけだから。でもそう思う半面、奥さんと娘さんにはカプリチョーザが必要だよなって。これで生活できるんだからって。いろいろな思いがないまぜでした」

柩が霊柩車に乗せられる間、葬儀場には娘の理奈の振り絞るような泣き声が響いた。

パパいやだ、いかないで。いかないで。いかないで。いかないで。

参列者の悲しみは、ここに極まる。

本多は、溢れるようなイタリア料理への思いを残して、カプリチョーザでの約10年間の疾走の果てに逝った。享年44歳。あまりにも早すぎる、「非業の死」だった。

※

佐竹は81年から六本木の「ギーノ」のシェフを務めた。その快進撃は、すでに語ったとおり。イタリア料理もまた、黄金の1980～90年代を迎える。

自分でも思いもかけずに店の評判があがる中で、佐竹は思っていた。

「新しくつくったこの料理を、本多さんだったらどう評価してくれるんだろう。本多さんの答えをいつも想像してたけど何も言ってくれない。だから自分で想像するしかなかった」

恵子はのち、1993年になってから始まったフジテレビの人気番組「料理の鉄人」を見ることができなかった。

――本多が生きていれば。この番組に本多が登場していれば。

本多の無念さを思うと、チャンネルを合わせる気にならない。

カプリチョーザは本多亡きあとも、順調に出店を続けている。

国内のみならず、1991年にはグアム、1997年にはサイパン、2005年には台湾、その後ベトナム、中国にも出店し、世界的ブランドになった。

本多征昭が生み出したその味覚は、40年という歳月を生き抜き、いままた次の40年に向かおうとしている。

思えば料理は記録ではなく、記憶に残る芸術だ。どんな偉大なシェフも、いずれ生命は費え、料理もまた一瞬で跡形もなく消えていく。絵画や音楽ならば形に残るが、料理は残らない。ただ人々の記憶の中に、一瞬の煌(きらめ)きを残すだけだ。

だからこそ私たちの心の中で、本多征昭の「味の記憶」と「情熱」は、いつまでも、不滅の輝きを放っている。

アモーレ・イタリアーノ！

本多が不敵に「にやり」と笑う姿が、脳裏に蘇る。

終章

本多恵子・始まりは絶品カルボナーラから（談）

本多の味のファンに

カプリチョーザの創業オーナーで、主人でもある本多征昭との出会いは、それまでに食べたことのない美味しいカルボナーラでした。

1971（昭和46）年当時、私は都内の高校を卒業し、ビジネススクールに通いながら銀座の和風喫茶店でアルバイトをしていました。まだ19歳。ただただ毎日が楽しくて、何も知らない少女でした。喫茶店の近く、銀座6丁目に「マレンゴ」というイタリアンレストランがオープンすることになり、その立ち上げの際に店のオーナーから「まかないをつけるからキャッシャーとしてアルバイトしない？」と誘われて、行ってみると、その絶品カルボナーラが出てきた。ピッツァもとても美味しくて「こんな美味しい料理があるの！」と大感動。私はいっぺんで本多の料理のファンになってしまったのです。

本多は8歳上ですから、当時27歳。すでにイタリア修業や大阪万博での仕事も経験していますから、ずいぶん大人に見えました。寡黙でスケールが大きくて、人の悪口なんかに乗ってこない。おべっかを言ったりはしないのですが、折々のしぐさや思いやりで相手の心を鷲づかみにするタイプ。いつだったかカプリチョーザがわんわん満員のときに、私の親戚が店から帰ろうとすると大雨が降ってきた。そういうときに本多は、裏口から出てきてそっと傘を渡すようなことができる人なんです。余計なことは言わないけれど、熱いハートを持っている人でした。

その後本多は実弟や、本書にも登場していただいた志賀さんを連れてイタリアに短期間行ったりしました。1年後に結婚。その後転勤で大阪・中之島のイタリアンを手がけたり、東京に戻って横浜の店に勤めたりしていましたが、やはり自分で自分の料理をやりたいと思ったのでしょう。1978年ごろに独立を決意。あちこち物件を探していました。

そのうち渋谷の外れに真新しいお洒落なマンションができて、6坪の店が空いていることがわかった。6坪でレストランができるか不安だったので、当初は私に「ケーキと紅茶の店でもやらないか」と持ちかけたほどです。でも開店費用を計算してみると、やはり1

000万円以上かかる。これじゃ遊びではできないと思い直して、自分でシェフをやることにしたのです。

このときは札幌の母親から開店資金の支援を受け、大工の父親は内装工事を引き受けてくれました。

口コミでのスタート

そのマンションにはお洒落なブティック、高級呉服店、高級下着店、テレビアニメ「ドラえもん」の大山のぶ代さんたちが所属する声優スタジオなどが入りました。ただ心配だったのは、マンションが坂の途中にあり、駅からの人の流れのないところだったので「商売にならない場所」と言われていたこと。宣伝を打つような予算もない中で不安なスタートでした。

ところが店を開けてみると、本書にもあるように、洗面器パスタといわれたボリュームと本格的な味に惹かれて、徐々に大勢のお客様がいらしてくださるようになりました。大皿を取り分けて割り勘にすれば、リーズナブルに食べられる。そういう口コミが広まったのでしょう。

行列ができるようになったのは、オープンから1年後あたりでしょうか。常連さんはみなお洒落な人ばかりで、店の雰囲気もすごくよかった。裏メニューの一つに、「パウンド」と呼んでいた、ピッツァの生地のみを焼いたものがありました。これをバターやオリーブオイルとニンニクのソースなどで食べると美味しい〜。季節によっては生牡蠣のカクテルなども出しました。オープン4年目に移った現在の本店には、中央に8人がけの円卓があり、中華料理のようにテーブルを回しながら、とにかくお腹をすかせた若者たちが毎日わいわいと食事を頬張っていました。

本多もよく、「うちはイタ飯屋だから」と言っていた。まだ1980年代のイタリア料理ブームがくる少し前でしたから、マスコミでは「イタ飯」という言葉は生まれていなかった。そのころから本多は「イタ飯」と言っていたのです。本物のイタリア料理を出すトラットリアやリストランテなんて気取った店ではなく、日本風にアレンジしたイタリア料理を出す店、たらふく食べられる「食堂」のイメージだったと思います。

とにかく仕事・仕事・仕事

本多は一日の売上金も業者からの請求書も大きな黒い鞄に無造作に突っ込んで、いつも持ち歩いていました。業者が集金に来ると、そこから札を鷲づかみにして渡すんです。

確かにお金は入ってきたと思いますが、遊ぶ暇がない。買い物といえば車くらいでしょうか。あるとき税務署が調査に来たら、「いま忙しいんだ、仕事が終わってから来い」と怒って追い返したこともあります。その後その税務署員は調査には来ませんでした。本多の勢いに気圧されたのでしょうか。

とにかく働きづめの生活で、普段の生活も仕事中心。夜遅く帰って来て、昼過ぎに出て行って、また深夜に帰ってくる。週に一度の休みの日でも午後からは仕込みに行って深夜に帰ってくる。私とはすれ違いの毎日で、朝食を食べない人でしたから、私は本多の食事をつくることからは解放されていました。子どもができるまでは独身時代となんら変わらない生活パターンだった。私のことは「無関心なのか？」と思うくらい自由にさせてくれる人でした。

でもそういう中でも娘が学校でころんで前歯を折ってしまって歯医者に通い始めると、その先生のところにある日突然ワインを持って行って「よろしく」と挨拶したり、家の大家さんにも自分で盆暮れの付け届けをもっていったり、そういう気は回る人なんです。

お客様からも人形やブレスレットなんかをプレゼントされていましたから、愛されていたと思います。目が合うとウインクしたり、常連さんには食後のコーヒーをサービスしたり、ちょっとしたことで気を通わせていたのでしょう。

そのことに私が気付くのは、結局葬儀の日のことになってしまうのですが——。

体調の変化

カプリチョーザのチェーン展開は、下北沢の1号店から四谷の5号店までは、本多が直接見ていました。体調が悪くてもオープンの日には出かけて行って、自分の目で店を確認していた。

体調がおかしいなと思ったのは1986年の暮れのこと。店の厨房で酸欠状態になり、倒れそうになったのです。本多は脳に何か腫瘍でもできたのではないかと思って、1987

年の正月に杏林大学医学部付属病院で頭部のMRを撮り、血液検査をしてもらいました。このときは異常なし。ほっとしていつもどおり仕事を続けたのです。

ところが正月明けからしばらくすると、週末に微熱が続くようになった。左胸も痛いと言い出した。胸の痛みはフライパンを振るうから筋肉痛ではないかと思ったのですが、熱も痛みもなかなか治らない。ゴールデン・ウイークのころには風邪かと思ったのですが、5月になったらある日急に声が出なくなった。かすれ声で、何を言っているのかもわからない。急いで当時の国立東京第二病院（現国立病院機構東京医療センター）に行ってレントゲンを撮ったら、「肺に影がある」と診断されたのです。

その直後に細胞検査を受けて、10月に検査入院という名目で入院。3カ月間入院してその間に抗ガン剤治療が行われ、12月に一度家に戻った。このときからはもう体調が戻らなくて、店に出ても仕事はできない。自宅療養しているときも、呼吸が苦しくて仰向けに寝られない。上体を起こしたままで寝ている状態でした。

それでも深夜に呼吸が苦しくなると車で病院に向かいます。酸素吸入や点滴をしてもらって帰ってくる。そんなことが何度もありました。肺が機能しなくなっていて、酸欠状態、窒息状態だったのだと思います。

札幌の母は、最初の入院のときから何度も何度も見舞いにきてくれました。来ると野沢の家で私の母と2人で泣いている。そのときは私だけが本多の本当の病名を知りませんでしたから、私の前では2人とも明るく振る舞おうとする。それがおかしいなと思って「何かある」と感じていました。結局私は退院するまでの数カ月間騙され続けていたのですが、一度目の入院の最後になって、お医者様に親族全員が呼ばれて「肺ガンだ、余命一年もない」と告げられたのです。その日から私は、まともに本多の顔は見られませんでした。

カナダの夢

元気なころから、本多の夢はカナダのバンクーバーに店を出して、大自然の中で生活することでした。常連さんの一人がカナダと日本を往復する生活をしていて、写真などを見せてくれたのでしょう。いつのころからか「カナダに移住したい」と言い出して、自分自身でもいろいろ調べていたようです。

1986年には、社員の慰安旅行だといって、一週間ほどバンクーバーで遊んでいます。

本店にはそのときの写真が残っていますが、いつかここで暮らすんだと夢を膨らませていたのでしょう。本多には料理の腕があるので、「世界中どこに行っても料理をすれば生きていける」と思っていたのではないでしょうか。

カナダは北海道に共通する広大なイメージです。故郷に帰ることを夢見ていたのかもしれません。

無念の死

本多は私のことを、いつも「ケイ、ケイ」と呼んでいました。家のことでも何でも自分でやってしまって、私のことは頼らない。縫い物やボタン付けもする。シャツを買ってきても自分でシルエットを変えて縫い直して着ているような器用でおしゃれな人です。

私にとっては保護者のようでした。彼が病気になってからは、彼がいなくなって私は一人で生きていけるのか？　社会人としてやっていけるのか？　そんな不安も感じていました。

彼も病気のことは無念だったのでしょう。2度目の入院のときは、毎日仕事を終えて夜病室に行くと、モルヒネで朦朧としながらもベッドの上で一人で泣いていました。亡くなる2、3週間前だったでしょうか、「家は（保険で）大丈夫だから」と私に言った。自分が死んでも、家もカプリチョーザの仕事も大丈夫だからと言いたかったのだと思います。

札幌の母は、亡くなる10日ほど前から病室に泊まり込んでくれました。娘の理奈は野沢の家で、私の母が面倒を見てくれていた。夜中に私が病室に行くと、本多が言葉でなく仕草で私に「隣に寝ろ」というのです。躊躇しながらも、私も看病と仕事で疲れていたので体を横たえると、本多は最後の力をふりしぼるようにほっぺにちゅっとしてくれました。

それが本多からの最後のメッセージ。

その数日後、1988年7月21日。午後4時55分。本多は私たち家族、両親に見守られて、札幌の母の腕の中で旅立っていきました。

享年44歳。

早すぎる死ではありましたが、葬儀には300人を超えるみなさんが集まってくれました。もちろんカプリチョーザの関係者や業者の方々もいましたが、カプリチョーザを愛してくれているお客様も多くいらしてくれているようでした。きっと店で本多の味を愛してくれていた方たちでしょう。

料理人としては何よりの供養となりました。

あの日からもう30年。カプリチョーザの創業からは40年。

本多は私たちに、計り知れないほどの大きなものを残してくれました。

こんなにも長くこんなにも多くの人に愛される料理を残すことができた本多は、幸せな男でした。

これまでカプリチョーザを支えてくださった全てのみな様に、本多とともに、心からの感謝を申し上げます。ありがとうございました。

次の40年も本多の精神を継承しながら、娘の理奈を中心に歩んでいきたいと思います。

私たちにとっては、みな様の「美味しい」と「幸せ」の言葉が何よりの喜びです。天国の本多も、今日もその言葉に笑顔を見せていると思います。

本当にありがとうございました。

2018年初秋

本多惠子

理奈・夢に出てきてくれる父へ

父の思い出探し

今回この本に書かれたみなさんの思い出を読んで、父は本当に努力家だったんだな。頑張ったすごい料理人だったんだなということを、改めて感じました。

なぜなら私には、父の思い出がほとんどないのです。

私が小学生のころは、父は私が学校に出かけるときは寝ていて、夜は私が寝てから深夜に帰ってきた。休みの日にも午後からは仕込みに出かけてしまうし、家族3人で旅行に出た記憶もほとんどない。二人でゆっくり会話を交わした記憶もありません。

休みの日でもサラリーマンのお父さんのような時間はなかった。

私はカプリチョーザの父の味が大好きで、しょっちゅう店にも行っていましたが、並んで待ってテーブルについたらトマトとニンニクのスパゲティをみんなでシェアして、イチゴのショートケーキを食べる。そんな普通のファンだったと思います。

私一人事情を知らなかった

父の本当の病状のことは、家族では私一人だけ最後まで知らされなかったんです。

1回目の入院のあと家に戻ってきたときは、学校から帰っても父はいつも寝ていました。呼吸が苦しくて辛そうで、とても話しかけられるような状態ではなかった。

入院しているときも、私は祖母と野沢の家にいることが多くて、母からは「肺に水がたまっただけだ」と聞かされていました。

でも札幌の祖母が来て夜になると、1階の部屋で母方の祖母と2人でいつも泣いているんです。私は2階にいましたが、2人がおいおい泣いている声が聞こえてくる。それが一年近く続いたんです。これは相当悪いんだろうなとは思っていました。

でもまさかすぐに死んでしまうなんて――。

私は母の言葉を信じるしかなかったので、父はいつか治ると信じていた。

ところが14歳の夏休みに入ったばかりの日、母から突然電話がありました。

「理奈、パパが大変だからすぐに病院に来て」

私はなんのことかわからずに一人で病院に出かけていって、待合室のところで待っていたら母が来て、

「パパはもう助からない」って。

えっ!!って驚いて、「何それ？　パパと話もしていないよ」と思って、そこからはもうパニックでした。

たぶんそこから1時間もしないうちに、父は祖母の腕の中で息を引き取ったのですが、私は半狂乱状態で、看護師さんに2回精神安定剤を打たれた記憶があります。

しばらくは現実を受け止められず、家の中にはいつも父の気配を感じた。

あっ、父が来てくれているんだ、守ってくれているんだと思ったし、実際に毎晩夢で会話をしていました。カプリチョーザの本店に行くと、必ず父の気配を感じる。

――パパ、生き返ったの？

私がそう言うと、父は「まだ具合が悪いんだよ」と言う。

私が道や階段で迷っていると、必ず父が現れて正しい道を教えてくれる。

そんなことの繰り返しが、自分が子どもを産むまで続きました。

私は天国の父と繋がっているので、家の仏壇にお参りするとかチーンと鳴らすとかお線香をあげるとかはいやなんです。年に2、3回は必ず父のお墓のある東京・浅草の東本願寺にはお参りに行きます。

中学や高校のときは、同級生たちが「お父さん嫌い、臭い」なんていうのを聞くと、「なんでパパを嫌うんだろう」と不思議に思っていました。だって私の父は一番かっこいいときにいなくなってしまったし、大好きだったから。私だけは父のことをいい思い出で残すことができて、それだけはよかったなと思っています。

娘たちのカプリチョーザ

結婚して2人の娘ができて、いま中学1年生と小学4年生。2人には父に会わせてあげたかったなと思います。事あるごとに2人には「ジージはすごかったよ、お料理が上手だったんだよね」と話しています。

特に下の子はカプリチョーザのスパゲティが大好き。どこで食べても「カプリチョーザが一番」と言います。イカスミのスパゲティが大好き。上の子もトマトとニンニクのスパゲティが大好きです。

私も高校大学のころから「将来はカプリチョーザを継ぐんだ」と意識を持っていろいろ勉強してきました。それは使命感といってもいい。父が大好きだから、大きなものを残してくれたんだから自分でやるしかない。父が死んだあとの母の苦労を見てきましたから、私も頑張らなくてはと思いを新たにしています。

※

私には父親の思い出はあまりないけれど、心の中に父はいます。

カプリチョーザのお蔭でここまで生きてこられたし、これからもカプリチョーザと共に生きていきます。

みんなに愛された偉大な父だった。

私も父が大好き。尊敬しています。

父の思い出とカプリチョーザの味を大切にしながら、私はこれから歩いていく。娘たちにも「将来は2人で頑張るんだよ」と言い聞かせている。未熟な私たちの歩みではありますが、これからもご支援ご助力をよろしくお願いいたします。
ありがとうございました。

2018年初秋

理奈

あとがき

カプリチョーザの創業シェフ、本多征昭さんとの出会いは、常に「資料の中」でした。

２００３年から２００４年にかけて取材した、日本のフランス料理界の中興の祖、横浜のホテルニューグランドに君臨したスイス人シェフ、サリー・ワイル。のちに『伝説の総料理長サリー・ワイル物語』（草思社文庫）としてまとまる作品の取材を始めたとき、私は「70年大阪万博こそ日本のフランス料理、イタリア料理の夜明けだった」と仮説を立て、手当たり次第に関係者に取材していきました。資料の中で出会ったイタリア館の副料理長（そう紹介されていました）の本多征昭さん。会いたいと思ってカプリチョーザに問い合わせて初めて、すでにお亡くなりになっていたことを知ったのです。

それでも同書の中に登場していただいたことで、未亡人の惠子さん、お嬢さんの理奈さんとの出会いがあり、年月を経て今回の企画に繋がりました。

たとえば本書にも書いた、日本の料理界のナンバーワン専門誌として君臨する「月刊専門料理」。その「イタリア料理の50年」という特集号（2016年6月）の「1966年〜2015年」という年表の中に、残念ながら「カプリチョーザ」は登場しません。吉川敏明さんの「カピトリーノ」や片岡護さんの「マリーエ」、「アルポルト」、佐竹弘さんの「ギーノ」、鮎田淳治さんの「ラ・コメータ」、日高良実さんの「アクアパッツァ」はあるのに、本多さんの「カプリチョーザ」は記載がない。チェーン店だからということで、外されたのでしょうか？

けれど今回、上記のシェフたちに取材のお願いをすると、多くの方が心よく貴重な時間を割いてインタビューに応えてくれました。誰もがイタリア料理黎明期の仲間として、その実力を認めた天才シェフとして、本多さんと自分の関係や距離感を、それぞれの言葉で語ってくれたのです。

それらの言葉を咀嚼しまとめると、本多さんは間違いなく天才であり、ビジネスに長け、多くのファンの心をその味覚で鷲づかみにしていた。大衆の心と胃袋をつかむ気さくなトラットリアとして、名誉よりも「行列」を選んだ。そんなシェフでした。

惜しむらくはイタリア料理黄金時代の1990年代、2000年代を本多さんが生きていたら、どんな大輪の花が咲いたことか。

歴史に「ｉｆ」はありませんから詮ないことですが――。

個人が生んだ味覚とブランドが、不変のままに40年続くこと。その味が、日本のみならず国外を含めて１００店舗以上にチェーン展開されること。

恐らくこんな記録は空前絶後。世界的に見ても極めて珍しい、奇跡的な「快挙」です。

料理界を継ぐ若者たちに、これから料理界に飛び込もうとする「卵」たちに、この物語をぜひ読んでほしい。そして本多さんをロールモデルにして、大きな夢を描いてほしい。

切にそう願います。

本多さんが眠る浅草東本願寺の一角に、今年も大輪の桜が咲きました。本多さんの誕生日の1月30日と命日の7月21日には、墓前に花が添えられます。

願わくばカプリチョーザの次の40年にも、本多さんのご加護がありますように。

取材でお世話になりました全ての方に御礼を申し上げます。特にイタリア・ローマ取材でお世話になった吉川敏明さんに、改めて感謝をいたします。

ありがとうございました。


最後の最後にもう一つだけ。

「本多さんが作ってくれるスパゲティを、ピッツァを、一度でいいから食べたかった‼」

間に合わなかった者の思いの丈が、天国の本多さんに届きますように。

２０１８年初秋

神山典士

著者 **神山典士**（こうやま　のりお）

1960年埼玉県入間市生まれ。信州大学人文学部卒業。96年『ライオンの夢、コンデ・コマ＝前田光世伝』にて第三回小学館ノンフィクション賞優秀賞受賞。2012年度『ピアノはともだち、奇跡のピアニスト辻井伸行の秘密』が青少年読書感想文全国コンクール課題図書選定。14年「佐村河内守事件」報道により、第45回大宅壮一ノンフィクション賞（雑誌部門）受賞。「異文化」「表現者」「アウトロー」をテーマに、様々なジャンルの主人公を追い続けている。近著に『知られざる北斎』（幻冬舎）がある。

監修者 **本多惠子**（ほんだ　けいこ）

株式会社伊太利亜飯店 華婦里蝶座代表取締役社長。1972年、カプリチョーザ創業シェフ・本多征昭と結婚し、78年に東京・渋谷に6坪の小さなイタリアンレストランを開店。当時はまだイタリア料理が高級で、ごく一部の人たちのための料理だったが、本場の味を手頃な価格、たっぷりのボリュームで提供するスタイルで話題を呼ぶ。「すべては、美味しいという笑顔のために」という情熱、創業者のレシピを受け継ぎながら、新しい美味しさを提案している。

カプリチョーザ
愛され続ける味

2018年11月4日　第1刷発行

著　者 —— 神山典士（こうやまのりお）
監修者 —— 本多惠子（ほんだけいこ）

発行者 —— 長坂嘉昭
発行所 —— 株式会社プレジデント社
〒102-8641　東京都千代田区平河町2-16-1
http://www.president.co.jp/
電話　編集 (03)3237-3732
販売 (03)3237-3731

写真協力 —— 早川 哲（P.6～P.10、P.16）
装　幀 —— スパウト
編　集 —— 岡本秀一
撮　影 —— 牧田健太郎
制　作 —— 関 結香
販　売 —— 桂木栄一、高橋 徹、川井田美景、森田 巌、末吉秀樹

印刷・製本 —— 図書印刷株式会社

 ISBN 978-4-8334-2283-3
Printed in Japan